• 本书获国家自然科学基金（项目批准号：71763008）资助

Research on Collaborative Value Creation of Supply Chain Network Based on Virtual Integration

基于虚拟整合的
供应链网络协同价值创造研究

胡宇辰　钟　岭　邹艳芬　张孝锋／著

图书在版编目（CIP）数据

基于虚拟整合的供应链网络协同价值创造研究/胡宇辰，钟岭，邹艳芬，张孝锋著. —北京：经济管理出版社，2018.12
ISBN 978 - 7 - 5096 - 6232 - 8

Ⅰ. ①基… Ⅱ. ①胡… ②钟… ③邹… ④张… Ⅲ. ①企业管理—供应链管理—研究 Ⅳ. ①F274

中国版本图书馆 CIP 数据核字（2018）第 273174 号

组稿编辑：宋　娜
责任编辑：宋　娜　张馨予　王虹茜
责任印制：黄章平
责任校对：董杉珊

出版发行：经济管理出版社
（北京市海淀区北蜂窝 8 号中雅大厦 A 座 11 层　100038）
网　　址：www.E - mp.com.cn
电　　话：（010）51915602
印　　刷：北京晨旭印刷厂
经　　销：新华书店
开　　本：720mm×1000mm/16
印　　张：9.5
字　　数：114 千字
版　　次：2019 年 6 月第 1 版　2019 年 6 月第 1 次印刷
书　　号：ISBN 978 - 7 - 5096 - 6232 - 8
定　　价：98.00 元

·版权所有　翻印必究·

凡购本社图书，如有印装错误，由本社读者服务部负责调换。
联系地址：北京阜外月坛北小街 2 号
电话：（010）68022974　邮编：100836

前　言

我国自20世纪90年代以来，企业外部生产经营的环境发生了十分巨大的变化。随着外部环境的变化，在企业内部条件未发生改变的前提下，企业长期生存与发展的外部环境受到了这一变化的冲击，导致了企业在日常经营局面中面临着十分艰巨的挑战。那么顺应着这种变化和其造就的时代大趋势，企业为了能够最终获得竞争中的绝对优势和适应能力，有关领导在决策中不再像传统模式中通过垂直整合这种唯一的手段来获取发展所必需的技术和资源，许多企业不再只是通过发掘内部掌握的资源和有关能力来获取行业之间同类型企业相互竞争中的最终胜利，取而代之的是通过和长期交易伙伴间某种合约或者默契达成的长期合作关系，并通过这种合作关系从所处的外部环境搜寻各种类型的企业发展和壮大所需的资源或能力，并将这些资源和能力迅速地整合在一起，最终达到利用其来获取竞争优势的目的。这样的背景使得企业之间的竞争逐渐转变为竞争其各自所处的网络形式，这种网络形式就是我们所谓的供应链网络，这种组织形式会使组织之间各个不同的关系成员，其内部所拥有的所有价值和对组织的重要程度逐渐增加。在所有供应链网络中，拥有良好协作、高效率高效能的供应链网络在整体竞争中能够拔得头筹，将在我国经济进入一个新常态的市场竞争中成为佼佼者，并且能使其网络内部的所有成员因此获益匪浅。

随着这种由内而外的转变，在企业内部阶层的各个不同人员的思维中，原本长期形成的传统价值观也悄然变化着，主要是从早先基于生产或是基于竞争的理念，转变成更加以市场、市场中的顾客或者有关利益相关者的理念为基础的基础理念。在这一大背景下，企业的价值创造模式也发生了翻天覆地的根本性变化。因此，基于这样的大背景，我们在此研究报告中尝试着构造整合供应链网络协同价值创造研究的框架，并由这一框架支撑起我们的整个研究分析。我们也希望通过这一分析能够为相关理论研究和企业的日常经营实践提供合理的依据供其进行参考，要在真正意义上做到有理可依、有据可循，这一点也是我们本次进行这一研究的真实落脚点和选择这一题目的真实目的。

本书主要分为三个部分，分别是：

第一部分（第 1~2 章）：研究中涉及的有关基础理论。在第一部分中，我们将为读者展示的有关内容主要是集中在供应链网络在虚拟整合方面，并通过这一整合最终创造协同价值的相关基础理论知识，在本部分最后我们会提出关于这一问题的研究框架。

第二部分（第 3~6 章）：整个研究的核心部分是研究虚拟整合供应链网络协同价值创造机理，所以这一部分主要内容集中在资源基础管理、知识基础观和社会逻辑关系等基础理论上，我们会在这些章节中，综合地将前文提到的问题研究框架运用好，主要从三个不同的维度将研究纵向深入到三种不同价值配置基础逻辑下的创造协同价值的现实问题。其中，在第 3 章中我们将研究的重点主要放在了企业需要通过研究并合理运用流程协同效应的相关原理，统一地创造出协同价值，在最后一部分我们会重点研究和分析这一现实情况，合理地揭示并阐述企业创造协同价值的目的在于最终获取彭罗斯租金。第 4 章的主要内容是通过研究组织间学习效应原理揭示协同价值创造在于获取 L 租金。第 5 章主要是通过研究结构洞效应原理来解释协同价值创造在于获取关系租金。第 6 章主要是从成员间的信息协调、治理知识以及关系等角度来论述协同价值创造实现的协调机制问题。

第三部分（第 7~8 章）：主要内容是案例分析，在本章中我们会选取合适的案例进行相应的分析和研究，主要选取的案例企业有：方兴物流公司、达达辛巴达科技有限公司、苏宁电器三种不同类型的供应链网络，并对其集团内部创造出的各个不同价值进行合理的比较研究和分析，找出其中的本质和异同点。这么做的主要目的是能够真正地做到理论和实践相结合，以这种结合方式统一分析理论在实际生活中的具体应用案例。在最后一章中，我们将会对此次研究进行总结并对后续研究进行预测，主要内容是总结此次研究得出的相关结论，并结合这些结论和研究中存在的不足，以此为基础开展后续的完善研究，也希望能在后续的研究中着重克服现存研究中存在的不足和缺陷，通过自己的努力推进学科的进步和理论的发展，真正对理论发展起到实质性的帮助。

目　录

第1章　绪论 …………………………………………………… 1

　1.1　主要依据 ……………………………………………… 1

　　1.1.1　相关背景 ………………………………………… 1

　　1.1.2　国内外研究现状 ………………………………… 3

　　1.1.3　选题的目的和意义 ……………………………… 6

　1.2　研究方法 ……………………………………………… 7

　1.3　研究框架 ……………………………………………… 8

　1.4　不足之处 ……………………………………………… 10

第2章　相关理论基础 ………………………………………… 12

　2.1　时代背景 ……………………………………………… 12

　2.2　概念的发展历程 ……………………………………… 13

　2.3　本章小结 ……………………………………………… 22

第3章　虚拟整合供应链网络的协同价值创造：流程协同效应 …… 24

　3.1　问题的提出 …………………………………………… 24

　3.2　协同理论 ……………………………………………… 26

3.2.1　协同学 …………………………………………………… 26
　　　3.2.2　协同的基本概念和原理 …………………………………… 27
　　　3.2.3　供应链协同的内涵及特征 ………………………………… 32
　3.3　流程协同 ………………………………………………………… 34
　　　3.3.1　流程协同的概念 …………………………………………… 34
　　　3.3.2　流程协同的控制参量和序参量 …………………………… 35
　　　3.3.3　供应链网络流程协同的自组织与被组织过程 …………… 38
　3.4　供应链网络流程协同效应与价值创造 ………………………… 42
　　　3.4.1　协同效应与价值创造机理 ………………………………… 42
　　　3.4.2　供应链网络流程协同效应及其生成机理 ………………… 43
　　　3.4.3　供应链网络流程协同的两大优势 ………………………… 47
　3.5　本章小结 ………………………………………………………… 48

第4章　虚拟整合供应链网络的协同价值创造：组织间学习效应 …………………………………………… 50

　4.1　组织间学习效应创造供应链网络价值问题的提出 ……… 50
　4.2　供应链网络中知识分类 ………………………………………… 52
　　　4.2.1　显性知识与隐性知识 ……………………………………… 53
　　　4.2.2　供应链特有知识和通用知识 ……………………………… 55
　　　4.2.3　供应链个体知识、企业知识和共有知识 ………………… 55
　4.3　组织间学习 ……………………………………………………… 56
　　　4.3.1　组织学习概念 ……………………………………………… 56
　　　4.3.2　组织间学习的内涵 ………………………………………… 58
　　　4.3.3　组织间学习的内容 ………………………………………… 59
　　　4.3.4　组织间学习的模式 ………………………………………… 61

4.4 组织间学习效应 ··· 63

4.5 虚拟整合供应链网络组织间学习价值创造机理及
实现 ·· 64

  4.5.1 知识吸收能力：影响供应链成员组织间学习
效应的关键 ·· 65

  4.5.2 供应链成员间学习：知识转移过程 ·················· 67

  4.5.3 知识共享与知识创新：供应链成员间学习效应的
实现 ··· 69

4.6 本章小结 ··· 71

第5章 虚拟整合供应链网络的协同价值创造：结构洞效应 ········ 74

5.1 通过结构洞理论产生的协同价值的内涵 ················· 74

  5.1.1 结构洞理论的概念 ····································· 74

  5.1.2 结构洞效应的内涵 ····································· 76

5.2 结构洞效应的协同价值创造机理 ·························· 78

  5.2.1 结构洞中各个不同维度之间的内在关系 ············ 78

  5.2.2 通过结构洞积累的社会关系来实现虚拟整合
供应链网络的协同价值 ································· 79

5.3 本章小结 ··· 81

第6章 虚拟整合供应链网络协同价值创造的协调机制 ············· 83

6.1 问题的提出 ·· 83

6.2 协调机制：信息协调 ··· 86

  6.2.1 内涵 ·· 86

  6.2.2 方式选择 ·· 88

6.2.3 实现路径 …………………………………………… 90

6.3 协调机制：知识治理 ………………………………………… 93

6.3.1 内涵 ………………………………………………… 93

6.3.2 模式选择 …………………………………………… 96

6.3.3 实现路径 …………………………………………… 97

6.4 协调机制：关系治理 ………………………………………… 98

6.4.1 内涵 ………………………………………………… 99

6.4.2 模式选择 …………………………………………… 100

6.4.3 实现路径 …………………………………………… 104

6.5 三者之间的关系及其在协同价值中的地位 ………………… 105

6.5.1 三种协调机制的关系 ……………………………… 105

6.5.2 各自所占的地位 …………………………………… 107

6.6 本章小结 ……………………………………………………… 109

第7章 案例分析 ……………………………………………………… 110

7.1 服务主导型供应链网络的物流公司 ………………………… 110

7.2 开放性柔性供应链网络 ……………………………………… 117

7.3 信息型供应链网络 …………………………………………… 119

7.4 三种不同供应链网络协同价值比较分析 …………………… 121

第8章 结论与展望 …………………………………………………… 125

8.1 结论 …………………………………………………………… 125

8.2 展望 …………………………………………………………… 127

参考文献 ……………………………………………………………… 129

第1章 绪论

1.1 主要依据

在本书研究中,我们在最开始选择题目时,主要着眼点是关于这一研究题目中的相关理论,并在有关理论基础上对虚拟整合供应链网络进行统一研究和分析,在研究中我们主要涉及供应链管理、运作管理、结构洞理论、网络组织理论等基础理论,在研究的内容中我们还主要涉及譬如企业管理、宏观微观经济、社会关系等不同学科中重点研究的范畴。

1.1.1 相关背景

我国自20世纪90年代以来,企业外部生产经营的环境发生了十分巨大的变化。随着外部环境的变化,在企业内部条件未发生改变的前提下,企业长期生存与发展的外部环境受到了这一变化的冲击,导致了企业在日常经营中面临着巨大挑战。这些转变主要有:①开始从传统意义上的经济时代模式向知识、信息经济时代转变；②集群内的企业服务的客户开始强调差异化、高端定制化、多变化；③经济全球化、贸易全球化的进程开始加速；开始出现企业形态的集团联盟化；④企业所处的外部经济市场当中的竞争开始逐渐变得激烈异常，并且伴随竞争程度逐渐激烈的境况，竞争的形式开始慢慢呈现出不同领域、不同层级的趋势，并且企业所处竞争的重点随着时间的推移，逐渐出现了快速转移的特点。

为了提高自身竞争能力和适应能力，企业不再像传统模式中通过垂直整合这种唯一的手段来获取发展所必需的技术和资源，许多企业不再只是通过发掘内部掌握资源和有关能力来获取行业之间同类型企业相互竞争中的最终胜利，取而代之的是和长期交易伙伴间通过某种合约或者默契达成的长期合作关系，并通过这种合作关系从所处的外部环境搜寻各种类型的企业发展和壮大所需的资源或能力，并将这些资源和能力迅速地整合在一起，最终达到利用其来获取竞争优势的目的。这样的背景使得企业之间的竞争逐渐转变为竞争其各自所处的网络形式，这种网络形式就是我们所谓的供应链网络，这种组织形式会使组织之间各个不同的关系成员，其内部所拥有的所有价值和对组织的重要程度逐渐增加。在所有供应链网络中，有着良好协作、高效率高效能的供应链网络在整体竞争中能够拔得头筹，将在我国经济进入一个新常态的市场竞争中成为佼佼者，并且能使其网络内部的所有成员因此获益匪浅。对于这样的时代背景，在国外学术界中学者 Fine（1998）在其研究得出的结论中向世人灌输一个新的观念，这一观念主要是想向世人说明，企业原先选择通过垂直整合这一手段获得发展所必要的资源，在当今这个新的时代中已经不再是有关焦点厂商的单一手段，如今这一时代中企业厂商可以通过不同的手段、不同的途径去获得必要的资源和技术。

这样的时代背景也为企业管理供应链带来了一系列的现实问题，这些管理问题在各国经济市场中均引起了广泛关注，关于这一研究产生的新理论也逐渐丰富多样起来。《哈佛商业评论》曾一连三期推出了相关主题的文章，这也说明了一个现象，供应链已经成为了企业获取竞争优势的重要来源，关于这一问题开展的研究也成为学者关注的焦点，不同学科的学者分别从不同的视角对这一问题进行解剖分析，比较典型的有组织经济学、组织管理学、协同学等基础理论。

因此，基于这样的大背景，我们在本书中尝试着从构造虚拟整合供应链网络协同价值创造研究的分析框架出发，对其内在机理进行更加深入的解析，这也是我们选题时的根本目的所在，同时也是我们在众多题目中选择进行这一研究的背景之一。

1.1.2 国内外研究现状

在国外学术领域中，最早关于该项问题开展研究的学者是著名的管理学大师 Oliver 和 Webber，他们在 1982 年进行的一项研究中就应用了这一专业术语，在此之后，许多学者开始选择从协同与合作、营销渠道、生产与分销网络中库存的分配和控制等方面分别开展不同的研究并得出相应的结论，并用这些结论使整个研究领域得到进一步扩展和改进优化。

在此之后，国外学者 Houlihan（1985）率先提出供应链整合的有关概念，学术界开始将整合公认为是改善供应链整体网络绩效的重要方式之一。人们这么做的目的是能够使其在整体上达到最优的效率，并能够取得最优的目标，从而使得整个有机体能够以一个更好的形态参与到市场的竞争中，这么做也能切实地帮助企业在供应链的最终环节上提供给市场中客户的产品或是服务可以满足市场中消费群体在新时代中提出的高质量、高柔性、低成本的真实需求。我们搜集了相关资料研究分析后发现，从供应链整合管理的研究历史发展途径来看，供应链整合管理的研究聚焦点以及有关研究理念正在随着时间和技术的进步悄然改变，随着全球化进程的推进，出现了跨组织大规模协作，组织间的界限逐渐模糊，组织间的协作效用和趋势越来越明显，在这样的背景下，学者们对于供应链整合管理引发的思考也逐渐从只关注企业内部的作业层面，提升到关注企业内部的更高的战略层面上，除此之外有些学者关注的焦点还从原先最早的组织内部逐渐转变到兼顾组织之间各个不同成员的关系。

在国内外学术界中，早期关于供应链整合问题所进行的研究主要是集中在物流管理这一细分学科中展开的。也就是近几年学者们才将研究的层面由物流管理这一微观层面提升至整条供应链管理，并将它宏观统一纳入战略管理的范畴中。结合着我们目前收集到的有关资料分析来看，关于这一主题开展的具体研究重点分为几个不同的领域，这几个领域分别是：伙伴关系管理、物流管理、市场营销途径管理等。

在我国国内虽然研究供应链网络整合管理中的相关问题起步较晚，却有着十分快的发展速度，目前我们掌握到的研究范围基本上覆盖了国外学者研究所涉及的各个相关领域。具体有：

（1）社会伙伴关系：合作关系、结构洞效应、契约机制以及期权契约、内部协作及竞争、联盟等。

（2）物流管理：网络优化、货物流通能力、库存策略、延迟策略、选址问题等。

（3）现有企业内部知识管理：成员之间拥有的相关知识在各个不

同成员之间流通、分享并以这些知识为基础共同创新协调框架,运用掌握的新知识来加快产品更新换代的速率,并最终达到最优的绩效指标等都可以纳入这一研究范畴之内。

(4) 市场营销:网络营销、渠道管理、成本管理、定价策略等。

(5) 风险管理:风险识别和评估、违约风险、可靠性等。

(6) 不同领域行业供应链:制造业、农业、软件业、服务行业、快销品、农业产品等。

(7) 不同类型供应链:集群式供应链、精益供应链、反应式供应链、全球供应链、绿色可持续发展供应链等。

就整体比较而言,国内目前虽然有关这一类问题研究的进展十分快速,可是与国外学者相比,国内学者所做的研究普遍存在以下几点不足:

(1) 学者们在研究中主要介绍的内容都是一些实务性的内容,但是在研究中定性研究居多,学者们主要选择去描述这一理论概念,这就造成了最终得到的研究结论缺少经过精练的新理论,主要是缺少从管理学、社会组织行为学等方面的新理论知识。

(2) 绝大多数学者在研究开始时,主要会选择以静态分析的角度为切入点,开始对相关问题进行描述性的研究分析,这就造成了在现有实验中对网络形成轨迹、演化路径进行深入探讨和分析的研究十分缺少。

(3) 很多学者围绕这一主题进行的大多数研究有一个共同的局限点,这一局限点具体是对上下游对偶数的研究,将链条内部的整个网络组织作为研究对象进行的研究还是少数。

1.1.3 选题的目的和意义

结合上文，我们可以从现有研究状况中发现，国内学者关于这一问题进行的研究取得的相应成果较少，国外学者们的情况也和国内学者类似。尤其是学者在研究中结合了虚拟整合供应链这一新鲜视角后，所取得的成果就更加稀少了，所以我们在这本书中，拟从以协同价值创造理论为研究基础点出发，合理构建出关于供应链虚拟整合网络协同价值的理论分析框架，也希望我们做的研究能够对供应链管理这一研究领域有所贡献。

在此次研究中，笔者将结合例如资源基础观、社会逻辑关系等基础观念以及例如像结构洞等基础理论和彭罗斯租金、L 租金等租金视角对这一问题进行细致深入的研究和探讨解析。在研究中因为这个问题的复杂性，我们会选择将不同的学科、不同的基础理论以及不同的研究视角综合利用起来，使我们对这一问题能够有更加全面、更加具体的认知。我们这么做旨在弥补现在学者们研究中大多数都将研究视角偏向实际操作层面，而很少研究企业内部组织层面和日常发展战略制定等方面的不足。所以这也就造成了学者们在对这一问题进行分析时，所用的形态也会随之转变，由先前的静态逐渐转变成为如今的动态。从上述这些内容来看，我们在本书中用到的基础理论，扩充的相关研究方法和涉及的研究维度对整个供应链组织理论有着一定意义上的丰富，并对其发展起到了相应的促进作用。

最后，我们在选择研究题目时，充分结合和考虑了学者们和实业界中的相关人士长久以来在管理实践中出现的具体情况和有关问题，也将我们这次研究的理论意义和现实意义提升到了一个新的层次。

1.2 研究方法

在本书的研究中，主要是以规范定性研究为主，数据搜集实证研究为辅。因为我们本次研究所选的主题就是一个十分抽象难懂的组织形式及概念，因此也为我们在本次研究中采用实证方法带来了诸多不易和阻碍，具体表现在以下几个方面：

（1）这一类型的组织结构框架极具复杂性，其中涉及数量庞大的主体，这些主体所在的地域广泛，每个主体都有不同的内在联结机制，所以这也给我们选取样本数据进行研究造成了极大的困难，需要我们在研究中尽量使最终得到的结论有普适性。

（2）由于这一研究问题属于时代热点问题，对于现实和理论皆有十分重大的意义，所以学者针对这一问题分别提出了不同的理论和分析方法，但是在本书研究中，我们在最后一章专门设置案例分析法并选取合适的案例进行适当的分析和研究的目的是能让我们的研究更加具体、更加形象，也能更好地和理论分析相呼应。

除此之外，在最后一章的案例中我们运用了比较分析法，通过将三个案例进行比较分析，找出其中的相同点以及不足，将这些实际情况与理论进行综合分析，使得研究关注的问题被剖析得更加清晰、透彻。

最后，我们在本书研究中运用到图形表达的方法能够让本书中涉及的理论和方法让读者更容易理解和接受。也使得文章读起来不那么枯燥无味且更有说服力。我们希望能够使文章在最大程度上具有较强的逻辑性和直观性,所以采取多种方法相结合推进研究。

以上这些研究方法为本书的写作和论述起到了很好的支撑辅助作用。

1.3 研究框架

笔者围绕的主题是上述文章中反复提到的相关实际问题蕴含的有关理论和实业界的实际应用且以此来展开我们的具体研究,主要目的是揭示集群内部各个不同成员之间在互补性资源及能力、知识、成员间关系联结三个不同的价值驱动力的作用下,成员之间会逐渐生成各种不同的效应,并生成配套的协同价值基础创造机理。最后一章设置为案例分析,目的是找到各具独特的供应链网络协同价值创造案例,对我们在前文内容中提到的协同价值创造分析框架进行解释说明,让读者能够更直观地形成自己的认知体系。

在这篇文章中,各个不同章节的内容以及研究的问题都是相互关联、互相影响的。如图 1-1 所示,先用基础理论构建出研究的地基,让我们的研究做到有理可依,也为以后各个章节的研究提供基础分析工具,而专门设置的平行四章的目的是能够更好地从整合供应链网络的三种协同价值驱动器的角度来揭示其中蕴含的机理。

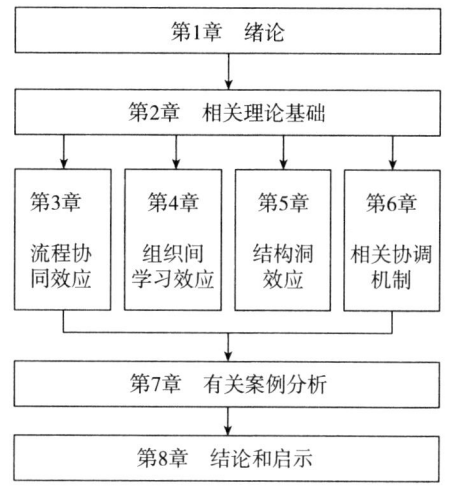

图 1-1 主要研究框架

主要内容有以下几个不同的章节，分别是：

第一部分：绪论。

第 1 章：在这一章节的相关内容中，我们将本书研究的有关背景和理论现实意义分别进行统一的归纳总结。在这之后，还对国内外学术界关于这一问题开展的研究所取得的结论现状进行归纳总结，并在这一基础上尝试性地提出本书的写作意义和有关的研究内容。

第 2 章：提出相关理论基础。这一部分是全书的基础，是我们研究的根基所在，主要包括该问题的发展过程和主要发展路径，以及学者们关于这一问题提出的一些基础观点和主要问题集中点。

第二部分：有关协同价值创造机理。

第 3~6 章平行章节：这四章是本书的核心章节，在这一部分的内容中，笔者主要集中在三个不同观念的理论基础上，运用在第 2 章中提出的协同价值创造分析模型，分别从 3 个不同的维度进行深入的研究分析，主要是为了解决相关问题并针对问题提出解决的对策，并在

第6章结束时提出相关协调机制。

第三部分：本书研究的实践案例及有关结论。

第7章：在这一章中我们主要把之前提出的理论分析模型和具体研究维度与实际案例相结合，增加了文章的深度和普适度。

第8章：对文章进行一个总结和梳理，总结了全文的研究大体思路、逻辑和我们进行研究时提出的基础观点，并结合相关研究结论对后续研究进行合理预测。

1.4 不足之处

本书的写作步骤、过程以及内容，我们已经在最大程度上保证整体的逻辑性和严谨性，但因为这一问题中有许多限制因素和影响，本书可能会有以下几点不足之处：

（1）这是一个十分有意义但又十分复杂的研究主题，我们在前面的相关内容中提到过，众多学者对于这一课题进行的研究分别取得了不同的结论，这对于我们开展本书研究有着十分重要的意义。可是由于笔者自身能力的限制，另外也受到了研究中涉及的众多不同的研究对象的外部因素影响。这也就给我们的研究增加了诸多困难和不确定性。这也是本书研究的一大不足，希望在以后的研究中可以进一步在第一手数据支撑的基础上，通过构建出合适的数量模型并进行有效的实证检验来验证本书的科学性和严谨性。

（2）在本书每一部分的研究内容中，我们需要综合运用不同学科中的不同理论和知识，但是由于涉及的学科过多，这就造成了我们在研究中对于问题分析的深度和广度受到了极大的限制,这也需要我们在日后的研究中进一步改进。

(3) 由于本书写作的工作量较大,可能会存在一些逻辑性缺乏和严谨度不够的问题,请读者多包涵、多理解,我们也会在最大程度上克服这一点不足。

第 2 章 相关理论基础

2.1 时代背景

除了上文笔者反复提到的有关时代背景之外,我们当今所处的时代是一个科技、产品都快速更新的年代。作为这个时代中的一分子,可能每天早上一睁开眼,当天接触到的信息或者产品可能就是之前从未接触过,也没有听到过的新鲜事物。这也是时间的推进和科技的进步带给我们生活中的转变,这一切都与我们日常的生活息息相关。

伴随着时代的进步和相关科技的发展,除了上面说到的那些科技电子类产品之外,在我们的生活中,知识经济、网络经济这些新的词语和理念也开始出现。世界各个国家的经济市场中开始逐渐出现全球化的趋势,并且企业的有关领导开始有意愿地将原有组织化形式转变为最新型的网络化战略联盟,并将其进一步发展为联盟化。与此同时,企业拥有的客户群体的需求开始变得高端且要求极强的个性化。各个不同的企业之间的竞争开始转变为最新的供应链与供应链之间的竞争。

学者们关于这一背景开展的研究,其最终所取得的结论已经逐渐在学术界和实业界中达成了一个共识。

我们的产品寿命周期在今天这个竞争全球化的时代中不断变短,高速发展以及十分普及和发展完善的信息技术,在电子商务背景下的供应链网络虚拟整合与管理问题已经成为学术界中不同学科的学者们讨论的热点话题之一,同时也越来越被企业界中的企业家所重视。这也意味着在当今这个竞争、合作共存的动态化市场大环境中,我们研究的这一问题被认为是这一时代中最具竞争力的运行模式之一。

除了上面这些时代背景之外,我们还需要明白的是这一概念的发展历程,需要从整体宏观的角度来统一地审视这一概念从刚一开始问世到现在经历的轨迹有什么不同于我们以往的认知,那么下面的内容我们将着重展示这一主题。

2.2 概念的发展历程

供应链历经了漫长的探索与发展阶段,结合对过去历史经验的总结和对原有形式的突破和创新,在新时期取其精华、去其糟粕,演进成现有的供应链虚拟整合。供应链虚拟整合摒弃了无价值的形式内容,在组织结构形态与组织形成途径方面承载起了决定性的作用,促进了供应链协作企业能力的提升,加速了供应链协作企业制度的完善,推动了供应链协作企业格局的发展。

(1)供应链形成。

供应链,又可称为"价值链",供应链虚拟整合则是以供应链为基础原型发展演变形成的。在学术领域中，相关研究学者普遍认为供应链的概念发源于20世纪50年代，Jay Forrester（1961）率先提出供应链的概念，首个将系统动力学运用至产业关系中，成功地利用理论模型优化了产业的上下游关系。而后，供应链的形式与内容又得到了不断的补充与丰富，供应链的研究范围进一步拓宽到物流成本（Lewis，1956）和市场分销（Heekert and Mineo，1940）等领域。迈克尔·波特在《竞争优势》中，就对供应链进行了新兴的探讨，赋予了供应链概念"价值链"的丰富内涵。

20世纪90年代中后期，伴随着社会经济的不断发展和经济水平的不断提高，供应链的理论和实践发展得到了越来越多研究者与实践者的重视。同时期学术领域百花齐放，出现了许多不同的研究视角和思想观点碰撞的火花。在当时，国外学者Turner（1993）提出，供应链的整个流程结构是，以原材料供应为开端，历经生产、仓储、物流、分销等各个步骤，最终到达顾客。国内学者王凤彬（2006）参考沿用了此类学术观点，得出对供应链的界定辨别，从原材料供应到最后顾客最终得到产品（或服务）的整个流程成为重要的评判依据。

供应链虚拟整合的发展离不开传统供应链的理念基础，传统供应链作为初始的理论雏形为供应链虚拟整合提供了良好的发育空间。但在供应链的发展过程中一切都是一帆风顺的吗？答案显然是错误的。在供应链理念的研究过程中，多数研究者未能把握好供需关系中物质资源的链式关系，过分强调了单纯的物资关系、物流对供应链的作用以及物质资源的流动，使得供应链的一些不足逐渐暴露在大众的视野之中。单纯的供需关系决定了供应链之间的企业关系被局限于企业双方的商品交易往来之中，形成了短暂的、临时的合作关系。物流贯穿了从原材料供应到顾客最终得到产品（或服务）的整个流程，供应商采购原材料、制造商生产产品、分销商及零售商出售产品、最终用户使用产品。在供应链的某阶段内，物流的作用强化为对整个链式结构流程的控制和管理。物质资源是供应链绝对的基础保障，而单方面的注重原材料资源、半成品和产品资源的流动和管理，往往忽视了信息、知识等非物质文化资源对于生产制造企业的重要性，导致了供应链发展的不平衡。

考虑主观因素及客观因素，形成供应链的起源和途经来源于供需企业之间资源互补所创造出的新价值。在缺少原材料、专用的特殊材料等物质资源的情况下，企业会自发地相互联系构建资源互补的供需关系，交换彼此的资源以达到互惠共利的目的。在这场交易中，只要企业掌握了特殊稀有材料的物质资源，就把握了交易立场中的主动性，就能在交易中完成资源互补，实现利益的最大化。因此，资源互补是供应链形成的重要环节，它为提高供应链企业的绩效开辟了重要的道路。

（2）供应链整合。

供应链整合的发展顺应着当时社会外部经济市场环境的不断变化，传统企业的竞争模式在新型企业模式的冲击下日渐衰靡，旧的管理理念已被打破，供应链整合作为一种新的提高供应链运营效率的管理理念应运而生。许多的研究者和实践者大力推行供应链整合理念，大大地提高了供应链的运营效率，在企业供应链管理中发挥了极为突出的作用。在同时期制造产业发展中，供应链整合是突破传统制造战略决策之外的重大战略选择之一（Giffi et al., 1990），也是传统制造战略发展的关键一步。

在此之后，学者们对供应链整合问题的探讨一直保持着相当高的关注度。供应链整合的概念研究从内容和重点的不同侧重点出发会得出不同的理论，因而供应链整合的概念界定在长时间内没有统一的定义。Morash 和 Clinton（1998）在后期的学术研究中，提出了供应链整合应划分为三种方式，分别包含组织内的流程整合、组织间的协同整合以及运营整合。这个划分方式更多地依据了企业间的垂直整合理念，结合了制造企业的内部整合以及企业上下游之间整合的策略方案。

伴随着组织间结构形态以及组织间关系相关理论的不断崛起，21 世纪后，供应链整合理念才在学者中广泛普及开来，切切实实地开始应用此词。Frank 等（2000）提出，整合是基于组织对所有资源的规划、协调和控制，再结合单个行为的优势，使得组织内部或组织间获取远远大于单个行为效率之和和综合效益的一种行为。为了让企业实现最小化"牛鞭效应"，企业要加强与供应链合作伙伴的工作配合性，促进组织内部和组织之间产品、服务、信息和资金流等方面的业务流程协调进行，达到供应活动效率的最大化。与此同时，企业同样要注重仓库存货数量的降低、货物循环时间的减少以及自身服务水平的提高（Levary，2002）等关键因素。这些研究思想为供应链整合的界定打开了新的思路，从独特新颖的角度阐释了供应链的特点以及供应链整合的作用，使得供应链的研究呈现出全面、系统、详细的发展趋势。供应链研究体系不断壮大，更多的人开始了对供应链整合的探索之路。其中，Droge 等（2004）对于供应链整合十分感兴趣，他们尝试分析供应链整合对企业绩效的影响，进而从供应链整合的内部视角和外部视角出发，研究发现企业的市场所占份额和企业的财务绩效深受供应链内部整合与外部整合的影响。Gimenez 和 Ventura（2005）的研究也佐证了这一观点。通过进行实证研究，以实际案例观察物流、物流产品和市场界面的关系，分析供应链内外部整合在其中扮演的角色，得出供应链内部整合与外部整合是影响物流服务绩效的重要因素。

从根本性质上看，所有研究供应链整合的视角和思想基本上是保持一致的。研究视角大致从两个角度出发：一是将供应链整合拆分为内部和外部两个独立的维度进行研究（Campbell and Sankaranl, 2005; Pagell, 2004; Petersen et al., 2005; Ragatz et al., 2002; Stank et al., 2001b; Zailani 和 Rajagopal, 2005）。二是统一内外部维度进行研究（Marquez et al., 2004; Rosenzweig et al., 2003）。供应链整合基于物流、信息流以及资金流的整合侧重提出了概念界定和基本思想。供应链整合的基础概念是指通过厂商和供应链合作企业协调管理组织间和组织内部的各个流程，以达到高效整合分享物流、信息流、资金流信息，提高产品和服务效能，增加信息、资金以及决策等的效率，实现速度最快化、成本最低化、价值最大化的顾客消费体验目的（Bowersox et al., 1999; Frohlich and Westbrook, 2001; Naylor et al., 1999）。供应链整合不仅强调企业间物流、信息流、资金流的有效整合或分享，而且注重搭建企业间诚信协作的合作关系，谋求企业之间的合作共赢。供应链综合了组织内和组织间的整合业务，包括了企业原材料、物流以及管理在内的各种活动行为（Bowersox and Morash, 1989; Hillebrand and Biemans, 2003），协调了供应链整合与发展之间的平衡。

供应链整合与传统供应链相比，弱化了对物流和资金流的管理，更加突出了企业间的相互协作，将重心转向对信息流与合作关系的管理与控制。供应链整合更深层次的任务在于节点企业之间良好信任桥梁的搭建，实现企业间无障碍的信息沟通与交换，合作企业双方共同协商确定所需活动与角色。这样做的优势是可以促进合作双方关系的融洽，实现完美的资源互补。在企业的竞争中，信息作为企业的核心竞争力，及时、有效的信息资源能够让企业具有更加迅速的决策力与行动力，在同行业中占据有利地位。通过进行整合与协调，企业在推进供应链整合的过程中有效地提高了竞争能力（Rosenzweig et al.，2003；Swink et al.，2007）。

供应链整合的研究对象为企业内部或者企业外部的合作关系，研究内容为企业通过协调好产品、资金、服务以及信息等各方面的关系，促进企业、供应链以及供应链网络的高效运行。供应链整合强调搭建与保持长久的企业合作关系，通过企业间的资源互补有效提高企业和供应链网络的竞争性与效益性，与静态直线式供应链或者企业间的纵向一体化管理有着明显的差异。

在这一阶段的供应链整合研究也未能达到尽善尽美，只是片面地考虑了战略本质，只有少数学者从整合的战略视角研究生产厂商与外部企业间的整合（Johnson，1999；Droge et al.，2004；Swink et al.，2007）。并且，这阶段的供应链整合局限于企业间信息和资源的整合的地域性，被地域和企业能力约束了发展。虽然此时供应链整合的组织结构形态和形成途径已经有了很大的进步，但是依然没有打破不同地域企业协作以及企业能力强强结合的壁垒。因此，对供应链整合日益增长的需求推动了它的发展，实现了不同地域的企业协作和企业知识能力的提高。

（3）供应链虚拟整合。

随着经济的高速发展，企业在产品大规模定制化和市场全球化的大背景下，由区域的企业竞争涌向了全球企业的竞争之中。其中，大型企业不仅将原料供应商划分为分摊产能的外包厂商，而且供应商的价值在发展的过程中占了更加重要的地位，掌握了新技术及关键生产资源投资等关键因素。经济市场的全球性扩张为企业发展注入了新的活力，虚拟整合的价值链或价值网络得到了进一步的扩张（Jeffre 和 John，1995）。

传统的供应链整合研究的关键因素是同区域企业间物流、资金流以及信息流的整合，供应链虚拟整合在顺应外部环境的变化下更加重视全球企业间的虚拟整合（Michael，2007）。戴尔公司创始人迈克尔·戴尔第一个提出"虚拟整合"概念，即将垂直整合和虚拟组织的特征相结合（Magretta，1998）。供应链虚拟整合是在供应整合基础上的衍生，为企业应对经济全球化经营模式而完善创新和管理体系提供了战略保证。

戴尔公司成功的商业模式样板吸引了越来越多的研究者投身于以供应链为背景环境的虚拟整合的研究工作。目前的研究成果表明，对虚拟整合还比较缺乏系统、全面的研究，现有的理论都比较零散，无法形成完备的体系结构。尽管现有的研究文献零零碎碎，但是并不都是毫无用处。其中 Joan Magretta（1998）提出虚拟整合也可以被叫作价值网络、虚拟式组织或虚拟企业，它被定义为拥有核心能力，通过互联网与合作企业进行资源互补、价值链循环的各种活动，实现企业高效能提供终端产品与优质服务的合作联盟。Patrick 等（2004）认为生产产品所需资产是实现虚拟整合的关键，合作企业必须牢牢把握机会，通过网络和联盟参与企业的管理和整合。Alnoor 和 Mthuli（2006）则认为，虚拟整合的主要工作内容在于掌握合作企业间的核心技术、资金流、信息流以及管理方法（Dalmin and Mininno，2003），与其他企业进行无缝合作，提高战略企业的系统生产能力并扩宽战略企业的产品的销售渠道。

供应链虚拟整合不仅摆脱了单一的地域性，横向联合了全球范围内的企业功能流程与具有复杂特征的组织单位，而且在进行虚拟整合的过程中满足了多地域、综合实力的企业虚拟网络建设的虚拟和协调的条件要求。供应链虚拟整合完善了企业组织边界扩张的管理体系，联合了所有"多动态、深交流、广发散"的企业，组成了战略联盟关系。企业之间整合分享了物流、资金流、信息流和知识流等多方面的产业核心，推动了产品生产、资金流通、信息共享、服务体验、决策管理五大方面共同协调发展，实现了企业效能最高化、产品成本最低化、顾客价值最大化的三部曲。

在企业虚拟整合中，企业之间建立战略合作的关系是至关重要的。企业在发展的过程中，为了完成自身规划发展目标，往往会选择实力相当的企业达成可持续性的战略合作伙伴关系。在经济全球化背景下的虚拟整合（Michael，2007）通过搭建和谐诚信、互利互助的企业联盟，以可持续发展战略为指导思想，签订合作企业间长期有效的合作协定，将企业之间的竞争冲突发展为合作共赢，并且在此基础上增加了双方企业信息和知识获取，减少了企业发展的风险和劳动报酬的支出（Togar，2002）。

企业虚拟整合首先要搭建跨组织信息系统协调控制机制和价值创造网络机制（Patrick Carr et al.，2004）。互联网信息技术的广泛应用让企业供应链虚拟跨越了空间的距离，完成了合作企业之间的信息交流与共享，创造了企业经济价值的新高度。这也是供应链协作企业全球化、信息多元化、技术标准化、管理模块化和决策网络化的重大突破的集中体现，企业虚拟整合了产品供应、销售、物流、服务等环节，使得组织信息系统成为调和控制机制变得切实可行（Joan，1998；Buvik and John，2000）。

企业虚拟整合组织间的动态和虚拟是一个相互作用、相互影响的过程。企业间战略联盟的组成在地域方面和领域方面可能存在差异,却在目标上保持着高度的一致,于是自发地达成了合作关系(Patrick,2004)。一些特殊性的资产、互补性能高的资源和专利核心知识在虚拟整合下,联盟企业共同分享或进行交换,实现它们的高效利用。企业间战略联盟不仅改变了以往传统供应链模式下企业间短暂、单一的合作伙伴关系,而且将双方企业的物流、资金流、信息流和知识流进行了融汇整合,企业间战略联盟为企业带来了远大于单个企业所能创造的综合效益,尤其是核心知识的获取使企业在市场竞争中拥有了极大的优势。特别注意的是,本书研究的企业虚拟整合除了企业不同地区之间的虚拟,更加注重企业能力的虚拟,就是企业在整合协调资源的过程中,既要保存自身原有的关键能力,还要汲取联盟企业有效的资源和管理策略,不断提升企业供应链的效率。

(4)供应链协同。

供应链协同活动就是供应链中的各节点企业共同协助运作。各节点企业以"合作共赢"为共同目标,以"公平、公正、公开"为指导思想,努力建立企业间利益最大化和风险最小化的共享分担机制。这个机制的根本保障在于企业之间的信任,在签订企业承诺和弹性协议的基础上进行互联网端企业信息及时有效的传递与沟通,深入开展与协同客户运作的再造业务流程合作。

20世纪80年代初,SCC应局势而生。与此同时,位于美国俄亥俄州辛辛那提市的Proctor & Gamble(简称P&G,宝洁)日用品制造企业也开始了它的管理创新。在密苏里州圣路易市一家超级市场中,P&G品牌的Pamper牌尿布产品经常出现脱销情况,为了便利消费者的购买需求，超市实行了补充 Pamper 牌尿布货架的策略，只要消费者每月付一张货款的支票，就可以避免繁杂的订货手续并大大减少等待新货上架的时间，这个方法的推行得到了非常好的市场反应。P&G 的经理 Duane Weeks 在此基础上，联合两家公司的计算机系统研发出了自动补充纸尿布的刍型系统，比较之前的纸尿裤补充方案更加便利快捷，彻底解决了两家公司的纸尿布补充问题，也由此掀开了供应链管理自动化的新篇章。

2.3 本章小结

在经济条件大不同于往昔的时代背景下，一个组织在其内外所遇到的不确定性和有关情况的复杂程度都在日益增强，企业可以通过一个有效的虚拟整合为企业组织提供应对这种不确定性的缓冲，这就需要不同的治理机制发挥出有效的协调作用。学者们进行的很多研究结论也显示了 IT 技术能够帮助企业有效地削减交易所承担的成本，并且能够帮助企业成功地创造一个合理的治理形式（Grover et al.，2002；Subramani，2004）。

结合着上面的内容我们可以看出，在这样的大时代背景下，垂直整合的一种有效替代之选就是前文反复提到的虚拟整合，这一整合形式也被学者们验证为确实是可以发挥出相关效用的。并且其背后主要是由有关基础理论为传统的整合形式提供了强有力的支撑，但是由于在这一基础理论中存在的某种缺陷，学者们向有关读者解释某些现象时其解析力度和效度是明显不足的。那么就需要我们结合不同的理论，例如资源基础观、知识基础观以及社会逻辑观等基础理论一起为这一问题的研究提供更具说服力的解释和定义。也能让本书的研究较之前者更具解析力和说服力，也能为读者更好地理解这一问题打下扎实的理论和实践基础。

第3章 虚拟整合供应链网络的协同价值创造：流程协同效应

3.1 问题的提出

20世纪中期，由工业革命带来的机械化生产大变革导致制造成本显著降低，制造业规模也急剧扩大。当时的企业由于惯性思维几乎不考虑创新或与其他企业的合作以谋求发展，而是像往常一样把大部分精力都放在抢占市场上。在早期的企业中，各个职能部门都是相互独立进行生产经营和管理的，每个部门各自为政只关心本部门的利益，各部门之间缺少信息交流。故而导致市场上微小的需求波动可能会造成厂商生产计划方面巨大的不确定性，也就是 Lee H. L. 所提出的"牛鞭效应"，企业中一旦出现这种现象，紧接着就可能产生一系列不良的后果，比如生产成本上升、存货增加、产品质量不佳等。在现今这个高速发展、竞争激烈的市场环境下，不论是产品的质量、生产速度还是生产成本上的劣势，都有可能动摇企业在市场中的地位，更甚者关乎企业的存亡。20世纪后期，在全球竞争加剧的情况下，一些大

第3章 虚拟整合供应链网络的协同价值创造：流程协同效应

型跨国企业也只是借助降低成本、提高质量以及企业柔性化设计来维持其竞争中的领先地位。如日本企业导入的 JIT 生产力理念，通过与供应链上合作伙伴的密切配合，实现 JIT 的极速需求生产反应速度以达到几近零库存，缓解企业的生产问题，把供应链的概念带入了企业竞争中。

最初供应链仅仅指的是供、产、销通过各种媒介联系起来的横向链条。此类供应链仅仅关注内部联系，比较简单，缺乏灵活性。任意一个节点出现问题，都可能会给整条链上的企业价值创造活动带来不利影响，以至于阻碍链上的价值增值。为了避开管理技术落后的限制，尽量杜绝供应链失调情况的出现，有必要改善供应链的运作模式，于是供应链协同的概念便应运而生，它指的是各节点企业实现协同运作的活动。包括树立"共赢"思想，为实现共同目标而努力，建立公平公正的利益共享与风险分担的机制，在信任、承诺和弹性协议的基础上深入合作，搭建电子信息技术共享平台，及时沟通，进行面向客户和协同运作的业务流程再造。

另外，詹姆斯·钱皮认为，从长远的角度上看一个企业生产运行的基本架构就是业务流程，而价值也是在每一个流程中产生的，而不同企业间的差异也是由业务流程组合的多样性形成的。供应链协同企业间业务流程的融合，形成了一个把所有相关企业联系到一起的庞大的特殊企业集团。该集团将凝聚所有成员企业的力量，在流程协同中实现价值创造的突破。

迈克尔·波特在研究企业的竞争优势时就曾说过，供应链网络中各成员间的流程协同运作将成为供应链的企业群体获得竞争优势的主要手段。供应链上的企业为了追求长期发展和利益的最大化，相互协作组合成纵横交错的关系网络，该网络上各节点企业间的协同不但有纵向的价值链上的，还有横向的处于竞争关系的企业间的协同运作。纵向价值链上企业间的流程协同通过企业间人、财、物资源的优势互补，降低物质生产过程中各个环节之间供应关系中的交易成本以及实行最优化供应链整体战略计划等，取得巨大的协同效应；在横向上依靠本处于竞争关系的类似企业之间的协同，获得生产规模效应的同时亦降低了整体的生产成本。虚拟整合供应链网络中的流程协同，正如波特在企业价值链模型中提到的，依靠价值链上所有相关业务单元在业务活动中的密切配合同实现企业内部流程协同效应一样，是依据价值链上下游企业间相互配合、贯序依赖的价值创造逻辑来实现集体利益最大化以赢得竞争的。由此可见，供应链网络流程协同在企业未来的发展和竞争中扮演着重要的角色，故而值得对其进行深入研究。

3.2 协同理论

3.2.1 协同学

"协同学"源于古希腊，原本是物理学中的一个概念，它来自赫尔曼·哈肯的激光理论，他指出"协同学"是一门专注于探索由大量子系统构建的系统，发生相变需要什么条件，以及其规律和特征的综合性学科。哈肯把协同学视为"协调合作之学""协同工作之学"。在之后的研究中协同学被发现拥有极大的适应性，它可以广泛地拓展和应用于自然、社科等多个不同的领域，因而备受关注，并且在经济学、社会学以及管理科学等多个方面都实现了应用价值。协同学由于其具备跨越多个不同学科的广泛适用性，有利于增进不同学科之间的"相互了解"和"相互促进"，是进行软科学研究的重要工具和方法①。

协同学以由许多性质各异的子系统构成的多种系统作为研究对象，目的是想通过研究这些子系统在自组织过程中形成的有序结构、各种支配以及动力因素，发现有序结构的形成在时间和空间上的一般原理和普遍规律。哈肯借助类比的方式，研究分析发现，虽然存在于不同系统中的子系统各不相同，但它们非平衡相变的发展变化过程都极其相似，几乎所有系统在一定时间、空间上所具备的有序结构及与其相对应的某些功能，都是通过系统内部的大量子系统在自组织过程中相互作用、协同形成的。大到自然系统小到微观分子系统，它们所呈现的宏观状态都是其内大量子系统之间协同作用的结果，自组织系统从无序到有序的演化。

3.2.2 协同的基本概念和原理

（1）竞争。尽管哈肯的协同学理论的核心是合作，但竞争作为合作的对立面是相互依存的关系，所以它同样是协同学的基本概念。没有竞争何来协同，实际上哈肯也是通过竞争现象才提出协同理论的，比如分子间的不断碰撞摩擦，导致分子结构的分离以及不同结构的结合；化学反应过程中不同反应物通过竞争决定谁先发生反应；生态系统中物种种内繁殖机会竞争，种间食物链上的生死竞争；人类社会的各大利益集团之间的利益之争；又或是思想、科学概念形成过程中各

---

① 肖敏. 供应链金融的协同管理研究［D］. 江西财经大学硕士学位论文, 2008.

大思想流派和研究学者之间的相互指摘、讨论以及争取大众认同的竞争。

竞争就是矛盾，是系统演化的动力源泉。根据物质永恒运动的原理，即随着外在条件的改变，系统内部以及各系统之间的矛盾运动强弱、快慢会发生变化，竞争的运动是一直存在的。也就是说，差异化的个体或结构之间一定会有竞争。事物发展的不平衡性是导致竞争的源头，由于系统内部各子系统对外在条件的感知和反应存在区别，与外界进行物质、能量以及信息等的交换也不尽相同，故而不同子系统之间的竞争也在所难免。竞争使系统内部两极分化更严重，从开放系统的演化角度看，这种竞争一方面造就了系统远离平衡态的自组织演化条件（至少对这种演化条件起到了推波助澜的作用），另一方面推动了系统向有序结构的演化。竞争是一切事物发展运动的动力源泉，一些学者把它视作万物之父，万物之王。

（2）协同。协同概念毫无疑问是协同学的关键所在。哈肯所定义的协同就是物理学系统中相互关联的子系统的协调、配合运作，属于集体行为，是系统整体性、相关性的内在表现①。随后他将其推广到研究的各个学科领域中，把关于合作、协作或协同的学说归为协同学。协同自组织系统是在竞争和协同两股力的作用下发展演化的。子系统之间的竞争使整体走向非平衡状态，而这恰恰构成了系统自组织的首要条件；相反，协同则使在非平衡条件下的子系统趋于联合的状态并把它们的效用加以放大，进而使之占据优势地位，控制整个系统的发展。

按照协同主体之间协同的紧密程度，大致将其归纳为如下五类：

---

① 孙寿亮. 物流业与金融业的协同发展机制研究［D］. 北京交通大学博士学位论文, 2008.

1）完全协同型：相互协同的全体成员都为了实现一个集体的目标而协同运作，共同努力，每一个成员都没有其他目标。

2）一般协同型：相互协同的全体成员都为了实现一个集体的目标而协同运作，共同努力，但每一个成员都有各自的与集体目标方向一致的个体目标。

3）一般自私型：相互协同的全体成员之间都有各自的可能相互冲突的个体目标，没有相联系的集体的目标，各主体为达成目标而努力。

4）完全自私型：相互协同的全体成员都有各自的个体目标，没有相联系的集体目标，各主体为达成目标而努力但不考虑任何协作行为。

5）协同与自私共存型：相互协同的全体成员之间有一个集体的目标，同时个别成员有与集体目标没有多大相关性的目标。

多组织成员的协同一般可以分为两类：一类是有计划的协同，另一类是无计划的自发的协同。最典型的有计划协同就是完全协同和一般协同，系统中所有成员都为了一个共同目标有组织、有纪律地按照所制订的最优计划相互协同运作；企业间最早期的协同一般都是无计划地、自发地协作，各协作成员间依靠利益关系连在一起，都是为了追求自身利益的最大化，没有谁会关心整个协作集体的利益，这种自私型协作中的所有成员都是自私自利的，整个集体往往因为没有站在全局的角度来思考协作方式、有计划地进行协作，最后导致所有成员的囚徒困境，个体利益以及集体利益都无法达到最大化。当系统中的大部分成员都意识到合作比不合作更利于自身的长远发展而愿意参与合作时，协同才会成为系统成员共同的行为。

（3）序参量原理。哈肯在实践和理论研究的基础上把系统从无序状态转化为有序状态,从有序状态退化为无序状态的过程归纳为相变,其中序参量是系统发生相变的主导因素。在运动中有许多控制参量,分为"快变量"和"慢变量",而"慢变量"——序参量才是处于主导地位的。随着控制参量的不断变化,当系统靠近临界点时,子系统之间所形成的关联逐渐增强。

物理学中把系统内部运动中的控制参量分为"快变量"和"慢变量"两种,也被称作快弛豫变量和慢弛豫变量,其中序参量"慢变量"占主导地位,就像哲学中的质变和量变,序参量属于宏观参量,决定系统的有序状态,随着控制参量的不断变化,当达到一定的阈值时,相关联的子系统组合成有计划、有组织的协作团体,出现了表示宏观的有序结构和类型的序参量,标志着系统相变前后发生的质的飞跃。

描述系统整体行为的序参量,支配着子系统的行为,是所有子系统协同运作贡献的总和,随着外在条件的改变,也会发生变化,旧的序参量会被新的序参量取代。当序参量的变化达到一定程度时,系统呈现出一种新的组织结构[①]。

(4)自组织。系统在其所处环境的某些特定的内外因素的双重条件作用下,内部子系统会按照一定的相互关联性自发组织起来,随着系统内部相互作用的加剧,这种组织关联性会愈加紧密,逐渐形成更加稳定的组织结构,即自组织结构。由之而来的自组织理论是协同理论的核心,自组织状态表现就是序参量。致使自组织产生的内外在因素分别是来自系统的外部自然环境中的各种物质力量和能量的不间断作用,及系统内部使得外部力量的交互性、过渡性、转换性作用能够

---

① 赫尔曼·哈肯. 协同学——大自然构成的秘密 [M]. 上海: 上海世纪出版集团, 2005: 7-65.

实现累积沉淀的某种因子。自组织的结构状态趋于稳定之后，依然会继续因为受内外部环境的相互作用而向更高、更有序的方向发展。相较于"他组织"，自组织系统的行为模式具备如下几个特征：

开放性。产生自组织的系统必须是一个开放系统，系统只有通过与外界进行物质、能量和信息的交换，才有产生和维持稳定有序结构的可能，所以系统必须具备开放性。

竞协性。自组织系统内部的子系统间是对立统一的关系，它们既相互排斥又相互依存，也就是既竞争又协同，自组织的存在离不开系统的竞协性。

层次性。系统内部要素之间根据量和质的差别具有层次性，层级之间都是处在可以相互转换的动态联系状态中的。正常情况下低层次向高层次转化，从而带动整个系统向更高级更有序的方向发展。

非线性。非线性指的是系统内部相互作用的失衡、不对称性，这种相互作用是促使系统结构走向有序的内在动力。通常情况下系统内部子系统之间的相互作用、相互斗争的结果往往是一方被另一方制服，进而被同化成对方，最终导致系统的相变，而最终那些支配角色以及被同化的参量将决定系统的特征与规律。想要研究系统的自组织，有必要搭建一套描述和解释系统自组织的理论框架，对系统有序结构的不同类型和程度进行界定。为了解决这个问题，哈肯把相变理论中序参量的概念引入到协同学中。正常情况下，一个系统序参量的数量非常少。当系统从稳定状态演化到线性失稳点时，通常只有极少的慢变量能够继续存在，这些变量就是序参量。

（5）使役原理。系统中的参量一般分为两种：第一种是快松弛参量，它具有作用时间短、阻尼大、衰减快的特点，其对系统的演化产生影响不明显；第二种是慢松弛参量，相对于快松弛参量而言，它的作用时间长、衰减慢,对系统演化产生的影响较大。在数量上,快松弛参量远远多于慢松弛参量。一般情况下为了方便问题的解决,令快松弛参量一阶导数等于零,代入方程,称为绝热消去原理,后来被称作使役原理(Slaving Principle)又或是伺服原理。慢松弛变量也被称为序参量,临界点上可同时存在几个这样的参量,尽管数量上不占优势,但相比于其余的那些作用微乎其微的伺服参量,序参量对系统演化的影响非常明显。伺服量是相对于主宰序参量而言的,只有当临界点的几个序参量在相互竞争决斗中选出一个主宰序参量时,剩下的序参量就被称作伺服量也叫奴役模,它们伺服于主宰系统相变的主模,不再表现其序参量的作用,而主宰参量将决定控制系统的新的有序结构。当出现几个序参量在竞争中不相上下的情况时,它们最终将相互妥协,达成一致,协同控制系统,这时系统的有序结构将由它们共同决定。

3.2.3 供应链协同的内涵及特征

在信息时代,企业界普遍认为要想在竞争中占据持续性优势地位,必须依靠供应链协同。从1980年开始,供应链协同的竞争方式一直在学术界和企业界备受认可和推崇。供应链由于其重要性在学术界可谓是众所周知,然而对于供应链协同至今还未给出一个准确统一的定义,对这方面的研究和实践,要么是关注流程的流程协同,要么是关注关系的关系协同。

目前普遍存在两种观点。一种观点是把供应链协同看作相互协同的企业团结一致向着同一个目标奋斗的商业过程。相关的文献揭示了制订活动计划、跨职能流程整合、供应链协调、制定供应链目标、发展战略联盟以及进行信息共享的重要性。

另一种观点认为供应链协同是一种存在于供应链上协作者之间的长期且稳固的合作伙伴关系,处于这种关系中的合作伙伴一般需要共享各自的资源、信息以及风险等,通过整合链上合作者的物质、人力、财力、信息和技术等已达到供应链整体协同运作最优化的商业模式。本书认为供应链协同是供应链网络上具备一致方向的各相互联系的节点企业,为了实现"1+1>2"的互利共赢的协同效应而相互配合展开紧密合作并构建长期的合作伙伴关系的过程。其内容主要包含供应链各个节点企业之间的信息共享、资源协同、构建共同目标、战略协同、管理协同等。整合各节点企业信息、技术、物质、资金、人员等,实现统一调配,像一个独立的大型企业一样密切协作。

供应链协同一般都具备智能性、网络性、敏捷性三大特点。供应链协同的智能性是指链上企业在信息共享的基础上,建立了庞大的信息系统,从而实现对供应链上信息流的追踪,并将其转化为智能,以达到快速、准确满足顾客需求的目的;网络性主要体现在链上企业间的各种往来交易通过网络系统建立联系,构成了复杂多样化的网络结构;敏捷性主要体现在运作效率高和反应速度快两个方面,供应链协同既要制定运行决策又要根据绩效进行反馈和调整,还要要关注供应链网络上各个节点企业的反应速度、运作质量,以实现柔性化快速高效运作。供应链协同让业务流程的运行更加顺畅、资源配置和利用更加合理、高效。故而,供应链协同是实现链上企业个体和整体利益最大化的必经之路。

3.3 流程协同

3.3.1 流程协同的概念

业务流程指的是企业或者单位为了达到企业目标并取得最大化目标价值,设计的一系列前后相关的业务活动,其中每一个环节的完成都表明离目标更近了一步。业务流程是以客户导向为基础的,根据研究者哈默对业务流程的描述我们可以认为,业务流程就像一个组织暗箱把生产要素从外部输入进去经过暗箱就转化为了满足客户需求的输出,换句话说,它是一条环环相扣将输入转化为所需要输出创造价值的活动的组合。目前大多数学者都将流程定义为:嵌在输入端和输出端之间的一组增加物质顾客价值的活动,其中输入端和输出端物质的数量不限。随着供应链理论与实践的不断发展,业务流程的概念渐渐融入供应链研究领域,这使得流程协同的范围和内容也得到了广泛的延伸。

杨利军(2013)认为,协同是供应链成员间为实现共同的价值目标,在供应链上进行同步运行、风险分担、利益共享及相互协作,使供应链系统的整体运行实现"1+1>2"的效果①。供应链网络流程协同,遵从客户导向思维,关注于提高供应链网络成员间的合作效率。

---

① 杨利军. 分散型决策结构下供应链协同实现机制的理论探讨[J]. 科技管理研究, 2013 (15): 256-257.

卢超等认为供应链上的流程协同是供应链作为一个整体，所有成员在这个整体的基础上，结合当前链上所有的内外部资源和优势，形成协同一致的、高效的业务流程组合。

有关研究者表示，供应链网络中企业间的关系包括纵向与横向两种，纵向关系大多属于供求关系，即企业与客户、供应商间的关系；横向关系一般是与同类企业间的竞争与合作关系或者是和第三方机构如大学和科研机构、政府部门、金融机构、中介组织、行业协会等之间的关系。根据上述两种关系分类，供应链网络的流程协同也可分为两种：一种是纵向关系上，即跨越企业边界的流程协同，其关键在于纵向企业间流程的无缝衔接；另一种横向关系上，即原本处于竞争关系的类似企业间借助资源共享获得规模效益。

3.3.2 流程协同的控制参量和序参量

（1）流程协同的控制参量。

在研究流程协同时，我们把决定系统自组织过程的外部环境作为控制参量，控制参量通过促进或压制的方式影响序参量，进而达到调节供应链成员间相互协同的密切程度。根据波特（1985）在产业竞争理论中为企业提供的用来分析产业外部环境影响因素的五力模型，由于供应链所处的产业环境是影响供应链系统最主要的外部因素，这里我们将从五力模型出发，研究流程协同的控制参量。

1）需求变化压力致使竞争方式的改变。

科学技术的发展在为人类生活带来翻天覆地变化的同时，也改变了商业环境和市场需求，在互联网技术高速发展的现代，原来的实体店铺已慢慢被网络店铺取代，人们的购物范围越来越大，顾客对产品多样化、个性化的需求越来越高,随着体验经济时代的到来,企业需要以新的产品设计、生产以及零售方式等满足客户需求。供应链网络可以依靠流程协同的柔性快速地反映市场变化,并及时做出战略和竞争方式上的调整。

2)"牛鞭效应"。

"牛鞭效应"简单地讲就是供应链网络中各节点之间的信息传递和不恰当关系导致的。由于所有企业各自为政,在生产和交易过程中把其他企业都当作竞争对手,相互排斥,导致信息沟通不畅,供求关系不明,所有企业都只想着自己能获得比别人更多的利益,忽视整体利益。最后就像 Lee(1997)所说的那样,供应链生产中的各个环节严重脱节,整个供应链对顾客的需求和价格等反应迟缓,供应链效率也极其低下,最终很有可能致使整个供应链网络瘫痪,企业在竞争中没有立足之地。故而,供应链网络中的企业一定要加强协作,通过流程协同来防止"牛鞭效应"的产生。

3)潜在进入者的威胁。

随着社会的发展,人们在生产过程中分工的持续细化,企业生产过程中的各个环节专业化程度会越来越高,生产成本也随之不断降低,但伴随而来的是,每道工序的简单化,使组建类似企业的成本逐渐降低,会有更多的潜在进入者把目光投向这一行业,继而导致竞争加剧。然而供应链网络在流程上的协同不但能实现企业间联合的高效运转、不同的协同方式以及合作伙伴,同时也为企业带来了竞争上难以模仿的独特性。

4)替代品的威胁。

在这个飞速发展的时代,不断有新技术、新产品的涌现,任何一样产品或者服务都有可能在新的替代品出现后成为过去式,企业只有时刻警惕市场环境的变化，坚持推陈出新，才能避免被市场淘汰。供应链网络上的企业通过流程协同能够敏锐感知市场变化，集中网络中的所有资源制定应对方案，缓解替代品的出现给企业带来的巨大冲击。

5）供应链内部竞争。

供应链网络上的企业间虽然都是以协同关系共处，但随着各种条件的变化，难免会出现发展不平衡的现象，进而产生内部竞争。供应链内部竞争的存在是激发企业向前发展的动力源泉，不但能够促进供应链上企业之间的联系更加紧密，以发挥更大的协同效应，更有利于推动整个供应链网络的发展。

（2）流程协同的序参量。

流程协同中，序参量一般取决于供应链自身的互补性资源与能力（内部因素）。根据协同原理序参量是在系统发展过程中起决定性作用的主导因素，控制和影响着系统发展中以及最后的性质，所以对供应链流程协同中序参量的研究是把握系统整个发展过程的关键。供应链作为连接生产链上所有相关企业的网络，其链上企业之间在各方面的互补性自然是极高的，然而再互补的资源也要经过有效地整合和调配才能真正发挥协同的效应。当然资源的互补性并不是狭义上的相互搭配的异质性资源的互补，还包括同质资源的协同，不同资源的结合可以产生高于各自独立使用的效果，同类资源的联合能产生合力获得规模经济效应。如同类专家技术人员的联合可以集中该领域集体的智慧，又能构成竞争，激励员工提升技能并通过同行间的相互学习共同进步。

由于互补性资源的协同效应，极大地放大了资源的利用效率，进而扩大了互补性资源作为供应链流程协同的主要序参量的影响力。故而，供应链系统的有序性几乎完全依赖于供应链网络流程协同的互补性资源的控制和影响。原来单个企业借助并购别的企业来获得与之不同的优质资源，从而实现资源互补带来的价值增值，以此在同行竞争中脱颖而出，在供应链网络中所有成员间优势资源的共享更是形成了多种资源的互补性优化组合，其带来的协同效应远远超出了一两个企业合并所产生的效应。

供应链网络企业间随着长时间的共同协作，彼此间的了解和信任不断加强，各企业中的工作人员的团结协作能力以及互补性资源的共同专业化程度都逐渐提高，在各方面的协同敏感性也随之增强。并且供应链网络上的企业在这个漫长的磨合过程中持续性地完善着流程协同方式，使得供应链网络整体利益扩大的同时，也使得供应链网络在应对环境不确定性时的柔性、对市场的反应速度大幅提升，推动产品创新的动力等不断提高。

3.3.3 供应链网络流程协同的自组织与被组织过程

（1）供应链网络流程协同的自组织过程。

供应链网络中的企业处在一个动态变化的内外部环境中，流程协同的控制参量和序参量也是随着时空的变化而不断变化的，故而就造成供应链网络中供需双方互补性资源、能力的不同组合状态的出现，也就是协同理论中描述的相变，学术界把这种在控制参量和序参量共同作用下，导致系统向有序或高级有序转变的过程称为自组织过程。

根据供需方影响力的强弱，可以把自组织过程中的流程关系分为四类：松散型、需方主导型、紧密型、供方主导型，如图3-1所示。

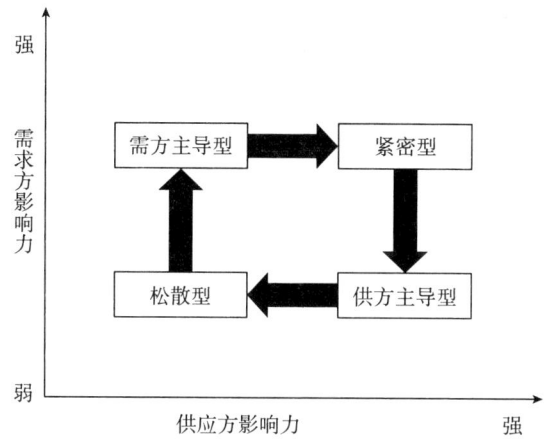

图 3-1 供应链网络流程协同自组织过程中流程关系

1) 松散型流程关系。

当供应链网络中各企业间在资源、能力等方面相互依赖性不强,也没有哪个企业比较强势能够对别的企业产生较大的影响或者是主导整个供应链网络,这时企业间的关系往往比较松散,就形成了所谓的松散型流程关系。由于企业间协作关系较弱,难以实现资源互补,故而供应链成员还需要借助市场手段各取所需,此类松散的合作关系很难长久维持,最常见的就是企业集群式供应链[①]。

2) 供方主导型流程关系。

当供应链中供方由于在资源、技术等方面拥有不可替代的优势地位,或者位于价值链增值点的较高处时,其他企业在稀缺资源或专利技术方面都或多或少地需要依赖供应方、受供方影响时,那么就认为供方在网络中占据主导地位。在自组织过程中,表现为供方主导的流

---

① 戴建平,骆温平. 物流企业与供应链成员多边合作价值创造机理研究 [J]. 商业研究,2015 (7):164-165.

程关系。

3）需方主导型流程关系。

类似于供方主导型流程关系，当供应链网络中需方在资源、能力上占据核心地位，或者是位于价值链高增值点，对供应链上其他合作伙伴影响力较大，而供方难以与之匹敌时，在供应链网络系统自组织过程中，往往会形成需方主导型流程关系。

4）紧密型流程关系。

与松散型相反，紧密型流程关系中，供应链上所有成员之间在资源或能力上的相互依赖以及相互影响程度都较高。之所以会形成这种流程关系，一般是因为供应链成员间经过长时间的协同运作，形成了相对牢固可靠的伙伴关系；也有可能是因为彼此在关系性资产上互相投资，从而造成了基于长期合作的相互间在资源与能力上存在相当程度的依赖性和互补性，故而发展为紧密型流程关系。

供应链流程协同自组织过程中的四种流程关系并不是以固定不变的方式存在，由于外在环境中的控制参量是动态变化的，故而必将影响到序参量的变化，虽然这个过程缓慢到难以察觉，但随着量变的积累，终究会引发序参量性质的变化，所以说在一定条件下，这四种流程关系就会因序参量的变化而实现相互转换。然而，每一种流程协同关系状态本身具备不同的变化过程，期间价值创造的来源也会发生相应的变化，因此这种变换不是循环的，而是螺旋式上升的，这才导致了供应链系统逐渐从无序变为有序，再从有序演变成高度有序的动态系统。

（2）供应链网络流程协同的被组织过程。

被组织过程是通过对造成系统自组织的主要影响因素序参量施

加外部压力实现的,也就是借助改变支配序参量协同竞争关系的控制参量达到影响自组织状态的目的,从而使系统从有序向高级有序转化。

考虑到供应链网络中的合作企业都是相互独立的经济体,所以需要构建一套信息协调机制以成功地将这些经济体联系起来相互协作,这个机制凭借其对系统自组织过程中涨落的影响和控制,进而引导系统自组织过程中的相变,实现流程协同的被组织。

由于被组织过程的关键在于构建供应链上合作者间的协调机制,所以在供应链网络流程协同的过程中遇到的最严峻的挑战就是供应链中信息的不对称,这种非对称性极大地削弱了流程协同的协同效应。而消除信息不对称影响最有用的方法是利用恰当的信息治理方法,建立供应链成员间的信息共享。在信息共享的条件下,供应链伙伴间的信息协同机制是使供应链流程协同发挥最大效应的重要因素。Clemons(1992)就曾断言跨越组织的信息系统将成为实现组织间流程关系协同的关键工具。达庆利(2003)、Lee(2000)提出信息共享能够通过相互补充、减少库存等达到降低供应链整体成本的目的,同时也能消除或抑制供应链合作成员间的"牛鞭效应"。Zhou(2007)等通过实证研究证实了信息共享和供应链绩效之间存在显著的正向关系。

所以说供应链整体的绩效水平在很大程度上都取决于链上企业间的信息共享水平。故而,有效的信息治理方式在供应链成员流程协同的被组织过程中有助于推动系统自组织状态的变化,从而使供应链系统状态从无序转向有序或从有序转向高度有序。

3.4 供应链网络流程协同效应与价值创造

3.4.1 协同效应与价值创造机理

协同效应说得通俗点,就是"1+1>2"的效应。协同效应是外部协同和内部协同所产生的效应总和,外部协同跨组织的企业间通过资源共享,形成一个协调一致、行动相互配合的更大的企业集团,以获得协同效应;内部协同指的是企业内部的具体生产、销售、管理、物流运输等活动在各个时间点,各个方面统一运作而形成的整体效应。协同效应又称增效作用,源于一种物理化学现象,即两种或两种以上的物质共同作用所产生的效应大于各物质单独作用所产生效应的总和。

企业间的协同效应主要包括在经营、财务、管理、税收和无形资产等方面产生的协同效应。我们可以从这几个方面入手,对协同效应创造价值的机理进行以下的深入剖析[①]。

(1)经营协同效应指相互协作的企业间通过实行经济一体化,凭借经济上的整合、互补,提高合作双方在生产经营活动上的效率,从而获得高效率带来的经济效益。

(2)财务协同效应指合作的企业通过在各企业财务上的协同实现资金在整体上的有效配置,提高合作团体的资金使用效率,进而使参

---

① 盛敏,刘佳,迟飞. 中国上市企业并购的财务协同效应研究——聚焦于放大和紧缩[J]. 上海管理科学,2012(4).

与企业获利。

（3）管理协同效应指的是供应链上的企业由于在管理上相互协作、相互配合从而提高管理的效率，进而实现生产效益升级。多个企业的合作化管理不但整合了各个企业的资源及优势，相互协调上还降低了浪费，相对于单独管理而言不仅大大节约了人力、物力、知识、技能上的成本不说，还实现了互利共赢，这就是所谓的管理协同效应。

（4）无形资产协同效应是指由于无形资产具有一些不同于有形资产的特征，企业借助合作者在合作中输入的无形资产，提高生产经营效率，从而获得效益最大化。主要表现为品牌协同效应、文化协同效应和技术协同效应。

3.4.2 供应链网络流程协同效应及其生成机理

（1）供应链网络流程协同效应。

供应链网络组织间的协同与集团企业内部协同最大的区别在于，一个是小范围内的企业内部各业务单元的协同，另一个是大范围的多个企业间的协同，两者虽然只是范围上的差异，但复杂程度和难度上相去甚远。供应链网络组织的纵向合作中要求物流、信息流、资金流等能够高效地在企业之间跨组织流程中流通，消除重复的流程、低效的信息传递以及企业之间的松散耦合，实现价值链上的无缝运作，即通过行业价值链内相连的流程进行整合而创造价值；横向合作中，企业之间通过共享关键流程中的系统、设备和人员等形成规模效益，即流程集中化的规模经济。综上所述，供应链网络流程的协同效应主要表现在价值链整合程度、规模效益两个方面，如图3-2所示。

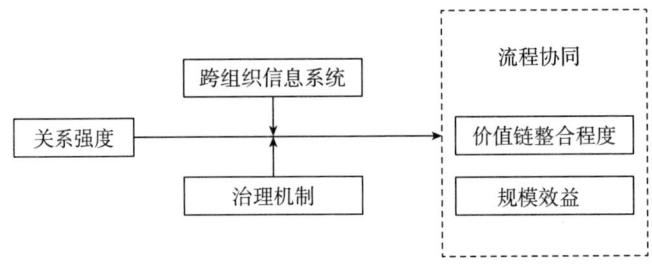

图3-2 网络组织流程协同效应概念模型

（2）相关概念。

1）价值链整合。

价值链这个概念最早是20世纪90年代由迈克尔·波特提出。波特原本是为了提升单个企业的竞争优势，针对垂直一体化公司提出的，指的是伴随着物质生产过程的一系列相互连接的价值增值环节。价值链整合是指企业为了让自己所负责的业务领域更广泛、更直接，将企业价值链活动范围后向扩展到供应源或前向扩展到最终产品的消费者。在供应链网络中的流程协同就需要摆脱所有权限制，跨越组织边界整合供应链上所有的价值增值活动形成整体流程的无缝连接，从而获得减少浪费、降低成本、增加整体柔性、提高供应链网络运作效率、创新能力和绩效等关于垂直整合的诸多好处。

2）规模效益。

规模效益原本是用在单个企业生产上，指企业若将生产要素等比例增加时，产出增加价值大于投入增加价值的情况。供应链横向上类似企业的协同中，通过把多个企业的生产要素聚集在一起，组合成一定的批量生产能力，扩大经营规模，实现规模效益。供应链网络横向上的协作一般包括信息、学习、销售、采购、生产等方面的合作，无论哪种合作方式，最终的目的无疑是获得资源或者规模上的经济效益①。

3) 关系强度。

关系强度这个概念最早是由 Granovetter（1973）根据个人关系网络提出的，他将关系以强弱加以区分，分别从交易的频率、亲密程度强度、互惠交换和感情四个角度分析关系的强弱，但个人关系难以和企业关系相提并论，不适合用来描述企业关系强度。Uzzi（1997）从网络组织的层面把组织内在的交易关系划分为市场性和嵌入性两种关系。市场关系是弱关系，是一种非重复性的、简单的商业交换关系，相关者之间只是进行短期的合作；与之相反，嵌入性关系则是重复性交易的强关系，关系双方依赖和信任程度较高。在此基础上，国内外许多学者通过进行更加深入的研究，充实了关系强度理论。其中潘松挺联系实际，从接触时间、投入资源、合作交流范围以及互惠性四个方面测量网络组织关系强度，并应用探索性因子分析和验证性因子分析得到了测量网络关系强度的量表，对分析关系有很重要的参考意义②。

4) 治理机制。

目前在供应链网络协同中普遍适用的治理机制主要包括契约治理机制和关系治理机制两种。两者的区别在于一种是法律意义上的硬性约束条件，具有一定的强制性，相对于合作者来说更有保证性；另一种相对来说属于软约束，一般只是口头上、私下里或习惯上认可的相互协作关系，不像契约治理机制白纸黑字写得清清楚楚。一般在正式

---

① Kaplan R., Norton D. P. Alignment: Using the Dalanced Scorecard to Create Corporate Synergies [M]. Harvard Business Press, 2006.
② 潘松挺. 网络关系强度与技术创新模式耦合及其协同演化 [D]. 浙江大学博士学位论文, 2009.

场合或者比较重大的合作关系上，为了加强相互承诺的真实、准确、可靠性常使用契约治理机制，但在一些细小的方面若是都依靠契约治理，不但大材小用了，而且也会增加程序的复杂性，带来很多不必要的麻烦，故而更适合关系治理机制，这种方式不仅简化了合作流程，降低了合作成本，还能在企业间信息交换和互助过程中起到增进合作者之间信任，强化合作伙伴间关系的作用。契约治理是基于合作双方都存在机会主义倾向的假设，所以需要依赖契约对合作的内容和合作者的行为以及一些不确定的因素加以制约，以避免因一方不守承诺造成对方不利情况的发生。关系治理机制主要靠的是合作企业的自我约束，也可以说是企业间的信任，从而主动抑制自身可能的机会主义行为①。

5）跨组织信息系统。

跨组织信息系统简单地说就是供应链网络中各协同企业跨越企业边界共享信息资源，并共同开发的信息系统。巴雷特根据信息技术理论对之加以定论，认为跨组织信息系统是在电子信息、通信数据和数据处理等信息技术方面将所有企业连接在一起的系统；还有学者从更广泛的层面将跨组织信息系统看作是规划及管理跨组织间合作的机制。总的来说，跨组织信息系统是一个为了便于跨组织间信息处理，使供应链网络组织间信息透明化的供企业间信息沟通、知识共享与协同创新的平台。

石海瑞、孙国强等通过研究发现供应链成员间的强关系有助于放大流程协同效应，虽然强关系已被多数学者发现有一定的缺陷，如锁定效应、路径依赖等，但是指出了弱关系的某些优势，然而在国内环

---

① 王龙伟，任胜钢，谢恩. 合作研发对企业创新绩效的影响研究——基于治理机制的调节分析[J]. 科学学研究，2011，29（5）：785 – 792.

境下,强关系在很多领域都发挥着网络桥梁的作用,能够为供应链整体带来更大的价值创造。在此基础上,信任机制进一步通过凭借对供应链成员的行为的预期进一步巩固了关系强度对流程协同效应的积极作用。另外,契约治理能够使关系强度对流程协同效应的积极影响有倒 U 形的调节作用,过少的契约治理会助长合作成员的机会主义行为,过分的契约治理不但会增加合作成本,还会让合作者有较强的约束感,不利于关系对流程协同效应的积极影响。

3.4.3 供应链网络流程协同的两大优势

(1) 流程协同有效降低了供应链整体成本。

波特(1985)认为供应链网络上的协同运作不是一场零和博弈,其最终目的不是供应链中个别企业实现成本领先,而是让网络中的所有参与方都获利[①]。供应链网络集链上所有企业的资源,实现优势互补,协同一致的流程增进了企业间的相互信任,整合了供应链网络中所有的人员、技术、物质以及战略资源,大大降低了协同企业间信息交流和交易的成本,减少了资源的浪费,实现了整体成本的领先。

(2) 流程协同还能使供应链在应对外在环境的变化上获得柔性。

随着时代的发展,外部环境变化越来越快,总是让人始料未及,企业若不能顺应环境的变化,很难得到长足的发展。供应链网络若是不能应对环境变化带来的影响,网络中的企业之间的协同关系将很难维持,好不容易搭建好的供应链网络随着环境的变化,协同效应逐渐

---

① Porter M. E. Competitive Advantage [M]. New York: The Free Press, 1985.

减弱，网络中的企业很快又会变成一团散沙，而供应链网络的流程协同能够使网络中的成员敏锐地察觉到内外部环境的变化，并针对变化及时做出调整流程的响应，这种动态的能力是流程柔性的表现，它能帮助供应链网络获得应对外部环境不确定性的柔性，帮助供应链迅速了解市场变化，并快速适应，以灵敏的嗅觉感受顾客的需求，为客户带来多样化的消费体验，提高了整体的服务水平，最终使客户的价值体验得以升华。

3.5 本章小结

本章以协同学为出发点，首先通过介绍协同学的基本概念和原理，主要包括竞争、协同、序参量原理、自组织、使役原理、支配原理等，构建了协同学的理论框架，然后在了解供应链协同的内涵和特征以及流程协同的相关的概念基础上，从协同学的角度描述供应链网络流程协同中的控制参量和序参量，供应链网络流程协同的自组织过程与被组织过程，根据波特的五力模型分析了供应链网络流程协同中的五大控制参量即需求变化压力致使竞争方式的改变、"牛鞭效应"的压力、潜在进入者的威胁、替代品的威胁、供应链内部竞争；按照供需方影响力的强弱，可以把自组织过程中的流程关系分为：松散型、需方主导型、供方主导型、紧密型四类。接着，借助协同效应及其价值创造机制，解释供应链网络流程的协同效应，并指出了价值链整合、规模效应、关系强度、治理机制、跨组织信息系统与供应链网络流程协同效应的关系，提出了扩大供应链网络流程协同效应价值创造的些许意见，最后总结了流程协同带来的供应链整体成本降低和供应链柔性两大优势。

除此之外，本章根据协同理论构建了供应链网络流程协同的理论体系，描述了供应链网络的序参量、控制参量、自组织与被组织过程，分析了供应链流程协同效应及其价值创造机理。

第4章 虚拟整合供应链网络的协同价值创造：组织间学习效应

4.1 组织间学习效应创造供应链网络价值问题的提出

在不同的时期、不同的时代背景及不同的经济发展状况下，供应链的定义及所侧重的方面也有所不同。20世纪80年代，供应链更多地被认为是一种价值链，更加侧重其价值链的含义方面，随着经济的发展、时代的进步，仅仅只侧重价值链的供应链定义已经不符合时宜了，衍生出侧重于精益生产、系统组织理论等方面的含义。供应链目前并没有形成统一的定义，学者们分析的角度不同，侧重点也不一样。早期传统的供应链概念侧重点是企业自身内部如何有效运作以及如何有效地利用资源，而伴随着社会经济的飞跃式发展，研究者们发现供应链关注的重点不能仅仅局限于企业内部，于是开始把外部环境作为一个重要因素，将关注的重点从企业内部自身转移到供应链与其他外部企业的联系上，研究角度更加系统化、多样化。企业处在日新月异的内部环境与外部环境中，面对实时的需求变动，供应链必须要高效并且及时地满足用户需求,才能够达到预期的效果。

在虚拟供应链协同的整合过程中,不仅仅是人员流、物料流和资金流等一些实际流程的运转,随之相伴的还有背后的"知识流动",随着时间的流逝、外部环境的变化,原先单个员工的知识架构不再是自己保有,而是需要逐步融合到整个虚拟供应链网络中,供应链网络也并不是一成不变的,随着外部环境等一些因素的变化,也在不断改变,如果供应链网络缺乏"活水"的流动,任何既定竞争力与其竞争价值都会一步步流失,而持续学习以及知识创新是唯一能够持久与人竞争的优势。

美国斯坦福大学教授曾指出,高效供应链有敏捷性、适应性和联盟性三个突出的特点,即对供需突变反应的敏捷性、能够不断适应市场结构和环境条件变化的适应性、统一整合整个虚拟供应链网络中所有成员的利益得失以便使整体绩效最优化的联盟性。这三个特性的实现并非没有条件,只有当供应链成员的知识得以在虚拟供应链网络节点间流动时才会变成现实。换种说法,供应链可以通过某种方式将知识流整合在一块,为整条供应链上的所有利益相关者创造真正的价值。随着经济的发展,经济形势的变化,现在竞争已经不同于以往竞争方式,许多企业意识到,仅仅关注企业的短期发展是不够的,长期的规划显得越来越重要,因此战略在公司的发展中至关重要、不可或缺,而战略的关注点越来越向柔性以及创新等一些新的竞争关键点靠拢,如果企业还妄想靠一己之力去和对手竞争,想有块立足之地是不现实的。供应链网络的出现可以很好地整合外部资源,企业可以集他人所长,为企业提供独特的机会以平衡其能力,适应这个竞争的时代。供应链网络很好地集齐各个企业的长处,整合优势,成为良好的循环。通过虚拟供应链网络,企业不仅可以巩固与宣扬自己内部的知识,还可以得到其合作伙伴的相关技术、能力的知识，并将其吸收融入自己的系统、结构，从而促进企业发展。如果没有供应链网络，企业关起门故步自封，将会限制企业学习的机会，这样的企业最终会走向灭亡。

随着经济的发展、网络信息技术的兴起、信息的更易获得性等，供应链网络已经成为创新的场所，企业与企业之间形成既竞争又联合的供应网络，可以整合众多专业化、模块化专业知识等，通过不断的知识共创，整个供应链网络快速成长，供应链网络早已经不是单单组成网络的节点了。随着知识经济时代的到来，知识的专业性以及分布性更强，企业生存发展之道的重要途径在于怎样将专业性知识整合利用。很多学者通过研究表明，对于虚拟整合供应链网络而言，最重要的组织能力是知识整合能力。供应链整合知识不仅能够极大地降低知识获取成本，而且还能够通过整合创造出新知识。

时代在变、世界经济在变化，供应链已经不单单是网络上的组成节点，供应链也不断地在发展进步，慢慢转变为进行价值创造的虚拟整合供应链协同，因此这一章的研究重点在于阐释虚拟供应链网络作为一个学习系统，需要通过其来获取、共享与利用知识，以及如何在其虚拟整合过程中通过组织间学习效应的价值创造机理来获得价值创造的实现。

4.2 供应链网络中知识分类

首先要理解组织间学习效应是如何产生的、机理及如何发生作用等，对供应链网络整合有一个明晰的认识，所以先从梳理供应链知识分类开始，再来谈组织间学习效应。

第 4 章　虚拟整合供应链网络的协同价值创造：组织间学习效应

从不同的角度，学者们将知识分出了不同的种类。其中较有代表性的分类有：经济合作与发展组织在 1997 年提出的事实知识、原理知识、技能知识和人力知识四类；1996 年提出的信息化知识和非信息化知识的分类；按领域划分的知识、社会知识、思维知识和工程知识四种类型等①。供应链中的各个企业所拥有的知识是不同且多样而又相互补充的，通过知识共享，可实现供应链企业之间的协同。如果从知识管理角度来看，每个企业都是一个知识系统。在企业知识体系中，既有显性知识，也有隐性知识；既有操作知识，也有理论知识；既有公共知识，也有企业独有知识。根据现有的研究并结合供应链的一些特点，可将供应链知识进行以下几种分类：显性知识和隐性知识，供应链特有知识和通用知识，供应链个体知识、企业知识和共有知识。

4.2.1　显性知识与隐性知识

按知识的属性来划分，供应链网络中的知识可以分为显性知识和隐性知识两种，显性知识也叫明晰知识，顾名思义即明白清晰的，而非含糊不清的，也就是可以直接传播的知识，人可以通过口头面对面传授或者通过书本、参考资料、文献等方式获取，也可通过言语、文字等编码方式传播。隐性知识是 1958 年迈克尔·波兰尼从哲学的角度提出来的概念，隐性知识是未能被表述的知识，如我们在做某事的行动中所拥有的知识。隐性知识很难进行编码，很难进行复制、传递、共享，难以规范化。②企业中，显性知识是比较容易获得的，也容易进行传播，实现成员间的共享，而隐性知识由于难以复制，也比较复杂，

---

① 塔娜. 供应链知识协同管理绩效价值研究 [D]. 大连理工大学硕士学位论文，2013：6.
② 赵红梅. 虚拟整合供应链网络价值创造研究 [D]. 西南财经大学博士学位论文，2009：6.

更具有持久性,所以企业中隐性知识相对显性知识来说更难获得。隐性知识从技能和认识角度可以分为两类:组织认识知识和技能知识。组织认识知识蕴含在整个供应链网络中,技能知识则蕴含在组织内部,体现的是长期累积的技能知识。

隐性知识不像显性知识容易复制传播共享,它难以用文字编码表述,不是可以直接传播的知识,是虚拟供应链整合和创新的重点。相当于显性知识来说,隐性知识可以说是更"感性",包含了更多感知和直觉,包含着更丰富的判断,若能激发隐性知识,使之能够有效地转化为显性知识或者形成新的知识,隐性知识将更加具有价值,企业更加具有竞争力。供应链网络中成员如果能够将隐性知识进行更加有效的传播与交流,将更加具有竞争力。

从知识属性角度来看,将知识划分为显性知识和隐性知识两个方面,这样来划分虽可以更加明晰地概括知识的特性,但实际上造成了知识人为的割裂。其实,显性知识和隐性知识两者是可以相互转换的。野中郁次郎是日本著名的知识管理专家,他提出了显性知识和隐性知识相互转换的 SECI 过程,即群化、外化、融合和内化利用的过程,如图 4-1 所示。

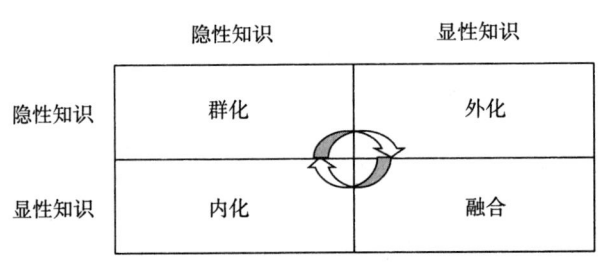

图 4-1 显性知识与隐性知识的转换过程

4.2.2 供应链特有知识和通用知识

供应链特有知识即是其他企业所没有的、企业自身独特的知识，存在于供应链各个节点中，与各自业务流程有关，比如专利、生产配方、工艺等知识，这类知识一般只有得到知识拥有者允许后，才可通过知识共享或者培训等方式转移到其他企业中，不过在一般情况下，如果没有益处，企业是不情愿分享核心知识的，如果要知识共享，供应链网络则需要制定一定的激励性制度。

供应链通用知识即是公共性知识，它存在于供应链内，是各个企业在合作过程中需要的非节点上的非企业独有的，如行业特点、外部环境的变化、运行规则制度和政府政策等，公共性知识一般是企业在每个节点上可以自己获取的，但是为了供应链整体的效率着想，一般企业之间都会愿意共享。

4.2.3 供应链个体知识、企业知识和共有知识

供应链网络中的知识按照所属群体分类可以分为个体知识、企业知识和共有知识。供应链个体知识是供应链网络各个企业中各个员工自己所拥有的知识，其中也包括显性的和隐性的。个体知识主要存在于员工的头脑中，员工离职，知识也会随之带走，携带性强，因此对于这类知识来说，需要企业不断地进行挖掘，并且使之成为组织自身的知识。供应链网络企业知识是指供应链中节点企业所拥有的知识，主要是组织各个部门或全公司共有的文档化的显性知识，这类知识企业可以通过培训等方式传递给企业中的员工。供应链共有知识是整个

供应链网络中所共有的系统知识,这些知识可能是相互分享的或者是共同创造出来的。

4.3 组织间学习

4.3.1 组织学习概念

现在是知识经济时代,供应链网络不仅仅局限于物流、信息流与资金流等一些具体的流,知识也越来越受到重视,知识流成为其中的关键要素之一,关系到虚拟供应链网络中的整体运作效率。知识流的重要性主要体现在以下三个方面。第一,高效率的虚拟供应链网络运作的前提就是企业员工之间的知识要相互交流并且具有相容性,没有什么大的矛盾冲突;第二,网络时代的到来,知识具有网络效应,知识更新速度加快,使得传播知识更加有必要;第三,知识创新是具有高风险的,并不是随随便便就能成功的,这就需要企业依托整个虚拟供应链网络,坚持不懈地进行创新,这样做有利于提高创新效率,不走或者少走弯路,降低创新成本与风险,而虚拟供应链网络知识创新的基础是网络的组织间学习,所以由此需要探讨一下组织间学习的概念。

学术界目前对组织间学习(Inter – organizational Learning)并无一个非常明确的概念界定,当前关于组织间学习的相关界定主要是指企业个体在发展过程中向同行和行业之外的个体学习方式。组织间学习源于组织学习,在 19 世纪初期,组织间学习这种概念已经被提出来了。1953 年美国学者赛蒙率先探讨组织理论,希尔特和马区在《商业组织的行为理论》一书中,首次把组织学习(Organizational Learning)一词列在组织理论范畴上进行概念界定。Lyies 于 1985 年提出组织学习依赖个人产生,不单单是每个人学习的综合,还代表了组织中传达给新员工的系统价值观念。Argyris 和 Schon(1978)认为组织学习分为单循环学习、双循环学习以及再学习等方面,并认为组织学习是一种更正错误和侦测的程序。Meyer(1990)将组织学习分为线性学习和非线性学习,因为企业技术生命周期是不同的,所以又提出创造性学习、适应性学习、维持性学习和变迁性学习模式。21 世纪初期,众多国内外其他学者从不同的角度界定了组织学习,其中有系统管理理论和自我管理理论等观点。组织学习理论指出,企业学习的方式有外部新的技能知识的学习和企业内部的实践学习两种学习方式,而对于企业而言,很多知识都是很难从市场上获得的,大部分企业都保有自己的核心技术不外露,所以企业去购买知识很难实现,虽然耗费成本较高,但是通过合作交换或者共享企业内部的知识则可以实现双赢,所以,建立一个开放高效动态体制十分必要。

知识经济时代,在市场竞争的激烈性以及外部环境的不确定性等一些因素影响之下,企业要想保持高度灵活性,提升企业竞争力,重要手段之一就是组织间学习。企业为了不被淘汰,要想保持企业持久竞争力,需要不断学习新涌现出的技术和知识,必须要建立一个高效开放动态的学习体制。随着经济的发展,组织要想与其他企业竞争,保持持续竞争力,组织学习就是其中一个关键因素,组织学习能力的提高,对组织的发展起着不可磨灭的促进作用。

4.3.2 组织间学习的内涵

SCIA 模式是一种新模式,将组织学习分为共享、激发、创造和累积四个阶段,是 Kadama(2000)在 SECI 学习模式基础上提出的。分享阶段是 SCIA 模式的第一个阶段,此阶段的联盟内合作组织密切合作,彼此进行知识交流与共享。在进行知识共享之后,组织间进一步深入交流了解,此时到达了组织间学习的第二阶段即激发阶段,这时候,战略联盟内的企业没有了初始阶段的融洽,开始对彼此有了更加深刻的了解,矛盾不可避免,这时组织之间要想进一步学习,解决矛盾,就需要组织之间通过契约、制定规则等方法来维护其共同的联盟目标,促进彼此间交流、发展,增进彼此关系。第三阶段是进行知识的整合创造,即组织在前两个阶段的基础上整合利用在交流共享中学到的知识,从中提炼升华出新知识的过程。在最后的累积阶段,供应链上的战略联盟企业将共享、激发、创造三阶段所吸收、整合和创造的知识进行累积,完成 SCIA 模式。

资源基础理论指出,当市场交易固化停滞不前时,企业间若能建立战略联盟,彼此间进行知识交流、共享并以此来创造新的知识和能力,特别是隐性知识,是个不错的方法。企业间在合作过程中,进行知识交流、共享、吸收,不断内化利用,能够更好地提升自己的核心竞争力。

从核心能力观理论的视角出发,学者们对组织间学习又有了不同的看法。传统的核心能力理论认为,组织得到的外部资源,并非是其他企业难以接触获取的,相反很可能被竞争者通过某种手段获取或复制而丧失了独特性,而动态能力理论则认为企业的竞争优势,是处在变化之中的,并不是一成不变的,是由企业特殊的资产配置状态以及演进路径塑造形成的企业独特的行为方式和过程。组织间合作可以整合资源、知识,并加以内化利用,逐渐形成异质企业关联。再者,企业的核心能力并不是由知识本身形成的,而是要将其通过整合加以内化利用。构成核心能力的前提是个体知识彼此关联,形成组织整体结构化体系。

综合来看,在供应链网络的组织间学习中,组织间资源与能力是可以互补的,随着知识经济的到来,基于网络层次的组织间学习成为一种必然趋势。组织间学习是一种知识共享、知识创新的过程,在此过程中,供应链合作伙伴关系更加密切,而良好的合作关系有利于组织间学习的开展,两者相得益彰,供应链网络整体的知识容量和竞争力得以提升。虚拟整合供应链网络中的知识流是一个特殊的流,与具体流比如物流和资金流是不一样的,知识流不局限在相邻节点企业间流动,而且通过组织间学习,产生的效应比单个企业自顾自地学习产生的效应要大得多。

4.3.3 组织间学习的内容

组织间学习的内容按不同的角度划分会有不同的类别。比如按学习的目的可以分为知识吸收学习、代替性学习、互补性学习和知识移植学习四类,按学习方法可以划分为交互学习、主动学习和被动学习三类,很多专家学者还将联盟企业之间的学习划分成了供应链管理学习、内容学习和指定伙伴学习三类。

在此主要介绍一下供应链管理学习、内容学习和指定伙伴学习。内容学习是指在联盟中企业为了自身长久的发展,去找寻、学习的知识和内部升华利用的学习方式。在进行内容学习时，注意并非所有的知识都需要照搬照学，要"取其精华，去其糟粕"，对于"精华"的部分，是符合企业发展需要的，在学习时就需要秉持认真用心的态度，加以内化利用，而对于"糟粕"的部分，并不符合现时企业发展，这时就需要从学习的范围中剔除。此时，在"去其糟粕，取其精华"这个问题上，企业就需要有判断哪些是"精华"，哪些是"糟粕"的能力，这样才知道哪些该学，哪些不需要学，减少学习成本，增加学习效率。当然，企业仅仅有知识价值的判断能力是不够的，还需要有识别能力，进行知识评估工作，很多时候，知识并不是固有的，比如一个知识丰富的员工离职可能会带走一些知识，所以企业还需要确定学习知识的可转移性，弄清知识转移时间及成本等问题，以衡量学习的必要性。

指定伙伴学习是指在组织间学习过程中，企业选择恰当的联盟企业进行交流、学习，并进行知识共享，是了解和学习合作伙伴的过程。在企业与企业之间互相交流互相学习的过程中，双方的关系对于组织间学习至关重要，关系资本对组织间学习甚至对于整个企业都起到了重要作用。当企业资源受到阻碍时，有良好的关系资本可以更好地消除障碍，同样的知识共享也是消除障碍的重要分子。指定伙伴间的关系需要彼此之间营造一个相互信任、彼此尊重、真诚相待的氛围，不虚情假意当面一套背后一套，双方形成友好合作、互利互惠的关系，这样才能发挥组织间学习效应，创造价值，提高企业的效益。企业市场竞争的优势来源于哪里呢？毋庸置疑，资源基础理论中提及的转移和知识创新是一个企业持久的竞争优势。只有进行知识创新，企业的知识体系才不会成为一潭死水。就现今来说，现代企业更愿意采取的渠道是垂直市场营销，这样就能够使组织间、成员间保持密切以及稳定的联系，保持长期的合作关系，形成伙伴型的合作方式，最终实现双赢甚至多赢。

供应链管理学习是指在整个供应链系统的整个活动流程管理中进行的学习。在供应链管理学习过程中，企业联盟的研究方向开始转向公司建立和维持业务关系能力的强弱。供应链管理学习是一种公司积累知识容量及管理企业关系的能力，而这并不是一蹴而就的，而是长期合作积累经验的结果，从此可以看出，供应链管理学习中一部分的学习知识并不是企业自创立以来就有的，而是企业间合作经验转化而成的。

4.3.4 组织间学习的模式

企业在进行组织间学习过程中开展的组织间学习模式是有差别的，分为不同的种类，在此主要介绍战略联盟学习模式，虚拟组织学习模式，跨国公司、合资企业中的组织学习模式和渠道中组织间学习模式四种组织间学习模式。

在战略联盟学习模式中，企业认为对于自身发展而言，结成以学习为目的的战略联盟比结成其他方式的战略联盟会更利于组织的发展，组织间可以互相学习交流、知识共享，建立在学习上的联盟会更加纯粹，而不仅仅是单纯的利益和利用关系。研究战略联盟与组织学习的关系后，David Lei（1997）指出，企业需要根据自身各发展阶段的特点，并且依据知识类型来调整核心学习活动[1]。通过实证研究之后，J. G. Cegarra - Navarro（2005）指出，战略联盟的学习过程是非线性

---

[1] 魏镇男. 组织间学习、创新与绩效的影响研究［D］. 中南大学硕士学位论文，2012.

的，中小企业战略联盟存在的探索性学习和开发性学习这两个关键因素与学习过程是相关的。

虚拟组织是一种学习组织形式，指的是在开拓转瞬即逝的机会的组织集聚在一起组成的临时网络和战略联盟。从知识创新角度，布·赫德伯格（2001）提出组织的概念，组织主要有社会化、清晰化、组合化和国际化四种学习方法。虚拟组织中的成员并不是长期固定的，而是临时召集起来的，很可能是来自一个组织，也可能是来自多个组织。社会化有机会创立共同常规。由于虚拟组织的成员是临时抽调的，在虚拟组织中，组织成员的背景各不相同，所以清晰化是十分必要的。组合化是以书面文件形式，扩大双方共同的组织中的存储系统的虚拟组织的其他成员；国际化并不是真正意义上的跨国组织的交流，而是指其他组织及个体的知识传输的存储知识，可以将这些知识详细地记录在一个公共的存储系统中。

跨国公司、合资企业中的组织学习模式是跨国公司、合资企业、子公司与母公司等组织常用的一种学习模式。Inkpen（1995）将合资联盟间的学习划分为合资以形成伙伴间的互动及母公司将取得的新知识进行整合的过程。HaIrlel等也指出，企业通过战略联盟及外包等形式获取外部的资源与技能，并将其内化整合利用变为自身知识。

渠道中组织间学习是一种新的组织学习的概念，属于战略联盟中的纵向联盟，是国内学者在借鉴国外的一些相关研究基础上提出的。渠道中组织间学习也是供应商网络中的一项重要方式。

4.4 组织间学习效应

组织间学习是近年来研究的热点问题,良好的组织间学习效应能够创造虚拟整合供应链网络的价值,组织间学习的成员可以进行知识共享和知识创新,所习得的知识可以进行提升内化利用,使得所学到的知识为企业发展所用,这样才能取得良好的效果,组织间学习效应的实现程度面临以下两个方面的问题。

首先是知识溢出与创新效应的问题。Myers(1996)指出,单单依靠企业自身的力量来获取或者创造企业内部所需要的所有知识和能力是成本高昂而且很困难的事情,因为从本质上说,企业是一种共享的"知识基"。企业若是能够进行组织间学习,发挥组织间学习效应,加速技术的交流与合作,则有利于企业以较低的成本从高势能企业获得溢出知识,从而削弱创新不确定性以及降低企业获取的创新成本。所以,组织间学习效应的实现,知识共享与交流的进行,既能够分散创新的成本与风险,又能够提高效率,企业可以实现最优发展。

其次是效率改进与成本效应的问题。如何获取维持竞争优势的知识是现代组织中最重要、最本质的问题,而公司若是想维持竞争优势,则效率的改进和成本的问题是必定要考虑的。企业之间进行组织间学习与交流,彼此进行知识共享,可以互补对方不足的知识,取长补短,能产生"共生放大"效应,同时通过相互间的交流,利于进行集思广益,产生思想的碰撞,利于"新资源"的形成,产生"合作剩余"

(Gulati,1999)。企业间的交易关系和人际关系为企业联结利用外部资源和创新知识营造了一个新的氛围,大大提高了知识创新效率,减少了知识创造成本,而且随着知识的积累与经历的丰富,企业的知识转化创新能力不断增强,企业创造新知识效率和成本效应也得到不断提高。

4.5 虚拟整合供应链网络组织间学习价值创造机理及实现

基于以上对组织间学习及效应的一些理论和概述,现在来探讨一下组织间学习是如何实现价值创造的?在供应链网络中,企业之间在进行双边甚至多边合作时,供应链成员间学习是受很多因素影响的,其中一个最直接的影响因素就是供应链的知识吸收能力,若知识吸收能力强,则供应链成员间学习效果会更好;若知识吸收能力弱,则供应链成员间学习效果则没那么如意。另外,各成员间知识差异程度也会影响供应链成员间学习的效果,各成员间知识差异低的话,更容易产生一个共同语境,成员间相互交流不费劲,都能够懂彼此的意思,反之则相反。最后,组织开放程度也是一个重要的影响因素,组织开放程度低,则成员间接触到的知识相对会比较少,供应链成员间学习的效果也会偏差。供应链成员间学习交流探讨可以实现知识共享和知识创新,最终实现对供应链价值创造的正向影响,虚拟

---

① Gulati, R. Network Location and Learning the Influence of Network Resources and Firm Capabilities on Alliance Formation [J]. Strategy Management Journal, 1999, 20 (3): 397-420.

整合供应链网络协同的组织学习价值创造机理概念模型，如图4-2所示。

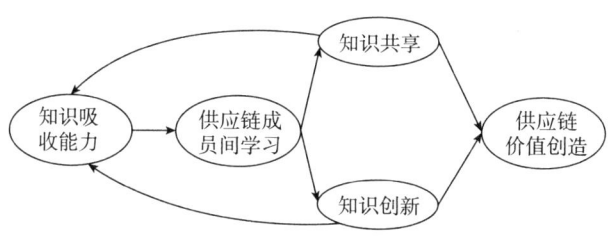

图4-2 组织间学习效应价值机理创造

4.5.1 知识吸收能力：影响供应链成员组织间学习效应的关键

知识吸收能力概念主要应用在战略管理、组织学、技术管理等学科领域中。知识吸收能力指的是组织识别、消化、转化并开发利用知识所形成的一种组织能力，也是企业识别外部信息的价值，并内化和应用到商业用途的能力。

知识吸收能力的维度划分不一，学者们有不同的理解。Cohen将知识吸收能力分成三个维度，分别是"识别吸收能力""消化吸收能力"和"应用知识能力"。KIM则认为知识吸收能力由已有知识和努力强度两维度构成。Zahra等认为可以从"知识获取""知识内化""知识转移"与"知识利用"四个维度来分析组织的知识吸收能力，如图4-3所示。

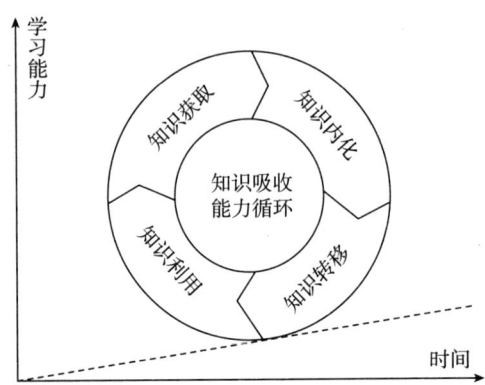

图 4-3 知识能力吸收循环

知识吸收能力和组织间学习的关系是相互促进的,是一种双向的关系。组织间学习可以增强知识吸收能力,而知识吸收能力的增强反过来又会促进组织间的学习。供应链间成员的多边学习交流与探讨的效果会影响供应链知识创新能力,而供应链多边学习的效果则受制于学习主体的知识吸收能力的强弱。组织间学习需要虚拟供应链中的成员有一个共同的语境,知识素养差异不大,有互补知识或者有共同知识背景,这样成员沟通障碍少,知识吸收能力更高,这也是后续知识创新的一个必要的前提。所以在去供应链的企业合作过程中,要注意营造一个共同学习协作的合作氛围,创造一个共同的语境,形成供应链上独有文化,从而提升供应链上成员的知识吸收能力。组织原有知识和新知识会伴随知识的内化不断融合,知识创新得以实现。伴随着组织的不断壮大扩张,新增添的知识将会内化沉淀入供应链知识库,并且做好后续创造的新知识内化的铺垫,形成新一轮的知识吸收能力循环。[①]

另外,知识的潜在吸收能力也受到很多因素的影响。学习投入、吸收经验以及市场导向都会影响供应链成员的知识吸收能力。学习投入即是指企业为了获取新知识所投入的各种资源,吸收能力是需要长期的知识积累。企业愿意对组织间学习投入多少,也会得到相应的回报。所谓的吸收经验即企业对外合作学习的经验,企业在学习方面的投入只是起到一个奠基作用,更重要的是企业能否接触到企业自身所需要的合作伙伴的知识技能,在一定程度上还取决于企业在交流的过程中是否善于吸收其他企业的优秀知识经验。市场导向,即组织间的学习以市场为导向,也就是说组织上下广泛地熟悉顾客与竞争者的需求,知己知彼,百战百胜,这样知识就不局限在理论层面,更多的是聚焦在新知识的理解应用实践方面。

4.5.2 供应链成员间学习:知识转移过程

不同的学者对知识转移的定义有不同的理解。知识资源是最难以捉摸的,具有"独特性",Gilbert 指出当组织缺乏某些知识时,这时候组织内会产生"知识的落差",如果缺乏的知识还是组织里不可或缺的知识时,则必然就需要将知识从外部转移进内部,这便是知识转移,知识转移的实质是一种对知识差异的行为感知。1999 年,Albino 率先提出了知识转移分析框架理论(简称 KTA 框架),提出其框架由"知识获取""知识沟通""知识应用""知识接受"和"知识内化"五个阶段组成,还包括知识主体、媒介、内容、情景四大知识转移的

---

① 骆温平,戴建平. 物流企业与供应链成员多边合作价值创造机理及实现——基于组织间学习效应视角[J]. 吉首大学学报(社会科学版),2016,37(6):24-30.

要素。

知识转移框架如图4-4所示。

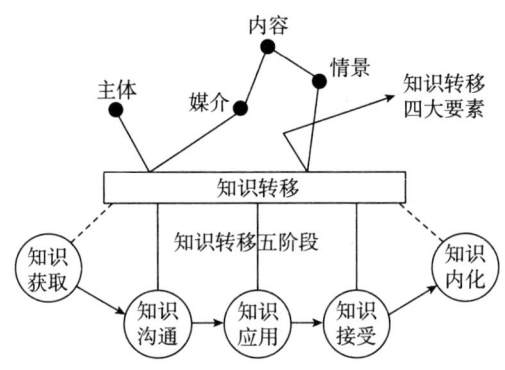

图4-4 知识转移框架

知识获取成效很多时候很大程度取决于组织自身学习经验,当供应链中缺乏某些知识时,网络中成员会产生知识落差,那么为了缩小落差,则会通过各种方式获取外部知识,这便是知识获取阶段。知识沟通阶段,供应链网络中需要建立有效的沟通机制,确保可以将已经获取的知识在组织中有效沟通,并且顺利地分享与传播,组织间学习效果也会提升。知识应用是将通过组织间交流沟通所获取的知识进行开发应用的阶段。知识接受阶段主要是将隐性知识显性化,由于成员间的知识理解能力和素质都是不尽相同的,所以还存在个体成员的接受时间。知识内化是关键阶段,由于很多知识是从外部获取的,还有很多知识是供应链成员的个体知识,这些知识只有进行一定的融合内化成为供应链组织中的集体知识,才能更好地发挥其效用,也能够更好地进行组织的知识创新。

知识转移的效果受多方面因素的影响。在供应链网络的多边合作中，环境是很重要的一个因素，如果是开放宽松的合作环境，显性知识多，媒介适合，转移效果就较好，相反则较差。供应链网络的整体知识不断得到拓展和创新很多时候都得益于知识转移的过程，也是供应链形成核心竞争优势的关键过程。

组织间学习过程中，也会碰到很多干扰因素，比如每个供应链组织成员的知识差异程度不同，也会影响组织学习效应所创造的价值；组织间开放程度也会影响组织间学习效应的实现，组织间开放程度低，知识接受程度会低，很多外部环境的知识接收有限，会影响组织间效应的实现；组织间开放程度高，会以更加开放包容的姿态来接收吸纳外部的优秀知识，进行知识间的共享以及交流与创新，实现组织间学习效应价值创造。

当然组织间学习效应的效果的实现程度还受很多干扰因素的影响。组织间知识差异程度是干扰因素之一。若是组织间知识差异程度高时，双方的知识可以互补，进行组织间学习的意愿也更为强烈；相反，若程度低，双方知识差异不大，很可能是同行或者存在竞争关系，组织间学习的意愿就较弱。组织间开放程度也会影响到组织间学习效应的实现程度。如果组织比较保守，那么供应链网络中的企业就难以进行知识的交流，更不要谈什么知识共享与知识创新了；相反，如果组织比较开放、容纳性高，那么组织间学习效应实现程度会更好。

4.5.3 知识共享与知识创新：供应链成员间学习效应的实现

虚拟整合供应链网络中，组织间学习效应的实现依赖于知识共享和知识创新。

供应链网络中成员间互相合作时，成员间进行知识的沟通交流、相互学习，实现知识共享，在此基础上，成员间思想火花的碰撞，引发知识的创新，这便是组织间学习最大的价值所在。

知识共享是一个过程、是一个双方甚至多方互动的过程，成员间需要将自身已掌握的知识有选择性地分享给其他的合作伙伴，强调的是知识流动的方向性问题，共享知识流并非是单向的，而是双向甚至是多向流动的。通过知识共享，企业可以学习到原先组织内缺乏的知识，而且可以充实组织的知识库。知识共享也会受多方因素的影响，如买卖双方市场结构、双方环境的不确定性、网络文化等。知识共享过程中，供应链网络中的成员会更加信任，协作能力和默契感会增强，供应链网络会更团结和善。但是对于知识共享，也有些保守的企业持观望或者反对态度。一方面，企业担心进行知识共享会泄露企业的秘密，另一方面，作为供应链网络中的成员，必定存在上游和下游之分，由于竞争加剧，企业是不愿意用利益换取利益的，而是希望能在竞争中取得胜利，这类思想只看到眼前的一些利益得失，还没有竞合的概念，没考虑这一举措对企业长远的影响。

知识创新是知识发展的动力，是"活水"的源泉。野中郁次郎（Nonaka）提出的知识转换理论，表明了隐性知识与显性知识的转换关系。Hedber 和 Holmqvist 的研究表明，Nonaka 提出的"四化"其实就是知识创新的四种基本模式，即社会化、外化、综合化和内化，如表 4-1 所示。

第 4 章 虚拟整合供应链网络的协同价值创造：组织间学习效应

表4-1 隐性知识与显性知识转换关系

	隐性知识	显性知识
隐性知识	社会化（意会知识）	外化（概念化知识）
显性知识	内化（操作化知识）	综合化（系统知识）

虚拟供应链网络中的知识创新是价值创造的重要来源之一，知识创新是实现组织间效应创造价值的重要途径。Cohen 和 Levinthal（1990）指出，进行知识创新单单靠企业内部已有的知识是不够的，利用外部知识的能力是创新成功的关键因素。Nonaka、Grant 等也指出知识是企业最基本的资源，知识创造是最基本的活动，只有这样企业才能不断进步，得以发展。没有知识创新的企业是无源之水无本之木，缺乏创造力的供应链是无法发展的，只有具备创造力的供应链网络才是具有成长力的，因此要想供应链网络能够不断发展，一方面需要不断整合、利用内化知识进行知识创新；另一方面还需要建立起知识共享和创新机制，鼓励知识共享和创新，这样供应链网络才能得以发展，合作才具有稳定性和持久性。

4.6 本章小结

本章研究的重点是组织间学习效应如何创造虚拟整合网络供应链的价值，主要从供应链的分类，组织间学习的概念、内容、内涵等以及如何实现组织间学习效应创造价值几个方面去阐述，主要讨论了虚拟整合供应链网络协同组织间学习效应的价值创造问题。从知识管理角度来看,虚拟整合供应链网络协同所具有的核心竞争力不单单是一项技术或者独特知识,而是更多地将其理解为是一个系统,它并不是一个静态的一成不变的系统,而是一个动态的平衡系统,可以让虚拟供应链网络在一定时期内保持现实的和潜在的竞争优势;同时可以理解虚拟整合供应链网络协同是一种组合方式,可以组合一个以知识及创新为基本内核的供应链网络某些关键资源或关键能力。现在是知识经济时代,不单单是凭借企业自力更生、闭门造车就能够实现企业的长久发展,知识网络时代的发展,信息的迅速传播,信息的对称性使得企业需要形成战略联盟,编织供应链网络,知识共享,才有可能增强企业的竞争力,企业才能够更好地走下去。在虚拟整合供应链网络协同中,供应链网络中的成员间存在着一种汇集式的依赖关系,他们之间不再是单人作战,而是一个一个的团体,所以供应链网络成员要在组织间学习,汲取他人所长,采取知识共享方法,以此来提升自身知识创新的能力。虚拟整合供应链知识共享和知识创新的能力是基于网络中隐性知识和显性知识之间的循环互动,这些是供应链网络伙伴们的集体智慧和集体知识的成果。通过组织间学习效应作用的发挥,虚拟整合供应链网络实现了创造价值,供应链网络中企业进行知识共享和知识创新,并将学习到的知识内化并加以利用,形成自己的核心能力,这样企业才能更好地进行创新,也能有更强的竞争力,从而得以进步,得以长久地发展。

本章的主要观点:本章研究的重点是组织间学习效应如何创造虚拟整合网络供应链的价值,主要从供应链的分类,组织间学习的概念、内容、内涵等以及如何实现组织间学习效应创造价值几方面去阐述,主要讨论了虚拟整合供应链网络协同组织间学习效应的价值创造问题。虚拟整合供应链知识共享和知识创新的能力是基于网络中隐性知识和显性知识之间的循环互动，这些是供应链网络的伙伴们的集体智慧和集体知识的成果。通过组织间学习效应作用的发挥，虚拟整合供应链网络实现了创造价值，供应链网络中的企业进行知识共享和知识创新，并将学习到的知识内化加以利用，形成自己的核心能力，这样企业才能更好地进行创新，也能有更强的竞争力，得以发展。

第5章　虚拟整合供应链网络的协同价值创造：结构洞效应

5.1　通过结构洞理论产生的协同价值的内涵

5.1.1　结构洞理论的概念

美国著名社会学家、芝加哥大学商学院社会学和战略学教授罗纳德·伯特提出关于结构洞的论述和观点，伯特从 Granovetter 等的研究出发，对社会网络的相关要素进行了研究与总结，并于 1992 年在 *Structural Holes—The Social Structure Competition* 一书中提出结构洞这一构念，其中网络被看作一种社会资本，并逐渐演变为结构洞理论，如果一个企业或个体与两个没有联系的个体或企业都有联系，那么这个企业或个体组成的整体便拥有一个结构洞，如图 5-1 所示。A 与组织或企业或个体 B、C 都有联系，而 B 与 C 没有联系，则 A 有一个结构洞；而对于 E 而言，由于 D 和 F 都有联系，从而 E 不能从 D 和 F 当中具有获取信息的优势，E、D和F构成的整体便没有结构洞。现实社会当中的企业常常更倾向于与自己联系更加紧密的、熟悉而且信任的企业或合作伙伴进行信息知识等资源的交流，而基于这种交换，结构洞在它们彼此之间就开始发生作用，只要处在桥接的位置，如图5-1中的A，A可以通过互不联系的B、C获取网络信息，A有很强的控制能力。随着结构洞的增加，拥有网络桥接位置的点通过网络获得信息的增多对网络的控制能力增强，进而可获得更多的选择与机会。

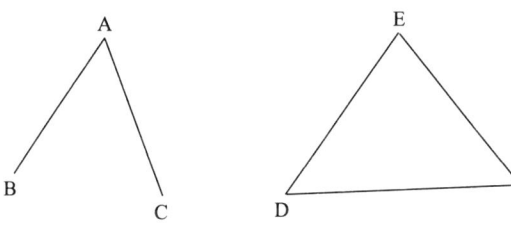

图5-1 结构洞的概念

资料来源：笔者绘制。

伯特认为，"非冗余的联系人被结构洞所连接，一个结构洞是两个行动者之间的非冗余的联系"，也可以这样认为，如果个体A和另外两个人建立了联系，而另外两个人彼此之间没有任何联系，那么我可以认为个体A占据了一个结构洞的位置，或者说A是结构洞的占据者，他对另外两个与他联系但彼此不联系的人有信息优势和控制优势。根据伯特的理论，判断组织网络当中的结构洞，依据的标准是组织的凝聚性和结构等位，一般认为一个组织的凝聚力越强，这个组织存在的结构洞就越少；也有人认为一个组织中的网络密度越大，组织当中的结构洞就越少，在星形网络当中我们认为该网络组织的结构洞为零。结构等位是指同一网络群体的人的同质信息输送给了两个不同的与这个网络联系的个体。两个个体得到同样的信息，彼此形成信息上的冗余。

从定量的角度考察结构洞，可以从两个方面考察结构洞的相关指标。一个是 *Structural Holes—The Social Structure Competition* 一书中提出的结构洞的相关指标的计算模型，包括网络的有效规模、初级或者次级结构洞缺乏导致的约束、效率、个体在网络当中的等级度、有效规模等；另一个是从整体网络角度来看待网络中个体的相关指标（结构洞属于个体网研究范畴），包括网络中某个节点的中间中心度数、图的度数中心势、群体中心度指数、影响力指数等相关指标。各个指标都从不同的角度阐述了结构洞的特点，需要说明的是，从伯特的理论来看，结构洞属于个体网的范畴，因此在计算相关指标的时候，同样的指标在个体网和整体网的范畴中计算会得出不同的结果，我们以个体网计算出的结构洞的相关结果为准。结构洞的主要特性如表 5-1 所示：

表 5-1　结构洞理论的特性

结构洞特性	与信息、网络的关系	解释
组织内自治性	网络结构决定	受以往影响，无组织间异质信息影响
社会性	信息的异质性	信息丰富性，由以前交互决定
竞争性	信息的异质性，由网络结构决定	组织内一定程度上地址异质性信息的流入
信息流动的不可控性	信息的异质性，由网络结构决定	打破网络结构界限，使得其他组织的异质信息在组织间流动
创新性	信息的异质性	引入异质信息，激发创新性

5.1.2　结构洞效应的内涵

结构洞就是指人际关系交往过程中，Z 与他交往的个体中的非冗余联系,或者说其他人要彼此联系一般要经过 Z 才能得以实现,那么我们认为 Z 在网络中占据着结构洞的位置或者说 Z 在交往网络中拥有结构洞。结构洞所强调的是现实中的个体在自己所处的关系网络中,通过结构洞拥有更多非冗余的社会关系,获得更多非重复、有价值的信息,在谈判以及其他竞争过程中占得先机,为成功提供先决条件。正如罗纳德·伯特书中所写到的,结构洞理论的核心是以自由的理论代替了权力的理论,以讨价还价代替了绝对控制。它描述了一个竞争场域中的社会结构如何为人创造机会,由此影响人际关系。概而论之,关于结构洞:一是指处于竞争关系的人际关系交往或组织交往,这是其存在的场域;二是指人际关系交往或组织交往的过程中个体之间是弱关系,这是其产生的条件;三是指结构洞能够给人带来预想不到的信息,这是其发挥的作用。

结构洞理论虽着眼于现实社会,但网络是现实社会的影射和反映,也存在着结构洞相关理论运用的土壤和条件。在人际交往中,人们总是对一些特定的人群给予自己的信赖感,依赖于与这些信任的人之间发生相互交换的联系。所以当两个人在交往过程中并没有建立良好的信任关系时,分别为二人的特定信任人的第三人就掌握了一个结构洞。并且,伯特在个人利益激励的理性行动者的动力方面有相当的经验证明,他认为关系网络联系的性质在重要性上居于其结构定位之后,个体利益的最大化是建立和打破联系的动力。但伯特在这里的观点却有缺陷,他忽略了关系网络的背后是有着多种多样的动力的,虽然他没否认这些动力的存在,但他否认了其对于竞争性结果的意义。关系网络的存在可能来自规范的和排他主义的动力,而不单纯是个人的私利。

伯特和科尔曼,他们把网络看成是一种社会资本,特别强调关系网络的功利性和工具性。在研究中,伯特表明社会网络拥有两个非常重要的功能。第一,社会网络信息的实时性、多地域、准确性与广泛性功能。人们在社交网络上获取的信息和在日常互动交流中获取的信息存在着非常大的差异,信息的传递打破了时间、地域的差异,在内容与形式上更加丰富多样的同时也更加准确。第二,社交网络的举荐互动功能。人们通过社交网络平台可以结交到更多不同领域的朋友,在日常的工作生活中这些人可能会为你带来意料之外的帮助。与此同时,在社交网络中你可以更好地控制事情发展的动向与走势,与他人谈判的能力也可以得到很好的提升。虽然伯特的结构洞理论存在一定程度上的缺陷,但不能否认,如果在中观层面上,再结合宏观和微观层面上进行分析,就是一个伟大的成就。这一理论为社会资本的分配提供了很好的解释,让人们进一步理解了有的人能获得资源而有的人却被排斥在外的原因。

5.2 结构洞效应的协同价值创造机理

5.2.1 结构洞中各个不同维度之间的内在关系

基于上述结构洞的特性和功能,对于结构洞的测量维度分别从结构洞数量的丰富性以及结构洞种类的异质性两个方面来进行研究,如表5-2所示。

表 5-2 结构洞维度

变量	维度
结构洞	结构洞多样性
	结构洞异质性

一方面,结构洞数量丰富程度的变化会给拥有这些结构洞的企业或个体带来信息优势,而企业或个体一旦把握了信息优势,就可以凭借自身机遇,降低时间成本,及时为企业储备有利的信息资源。同时结构洞数量的增加带来信息来源的增加并带来获取信息速度的优势。

另一方面,结构洞种类变化,会给企业或个体带来信息多样性的变化。面对差异性成员间拥有不同复合多样性的信息,信息异质性可以显著地为网络企业能够根据企业所面对的各种经营管理问题的复杂现状把握多样化信息,挑选有用的信息源,从而满足企业或个体对于自身需要不断创新,节约时间成本。同时随着结构洞种类异质性增强所带来的社会网络规模的扩大,使得企业占具有的信息和控制优势的结构洞越多,获取非冗余的多样性的机会就越多。

5.2.2 通过结构洞积累的社会关系来实现虚拟整合供应链网络的协同价值

移动互联网的时代已经来临,在一个以消费者为主导的市场中,生产企业只有依据更加快速、优质和性价比更高的产品和服务才能取得消费者的青睐,因此企业不仅需要一个强大的创新网络,也需要一个完整的供应链网络才能不断地创造出更加优质的产品并稳定地向消费者供应优质产品,这是企业取得成功的关键。单单依靠企业自身的能力来取得市场的控制能力和盈利能力已经变得越来越困难。在移动互联网的大背景下,企业通过互联网建立虚拟供应链并实现虚拟供应链的协同价值是时代发展的需要,也是时代发展的必然结果。

虚拟供应链网络协同的价值在于,它可以通过网络整合整个供应链中的企业,使每个供应环节上的企业的核心竞争力得以发挥,并且使这些供应链上的企业彼此优势互补,只要各个环节企业实现协同,最终可以形成产品的市场竞争力。供应链在网络的连接下在协同中本身就可以实现各个节点企业的互利共赢。在互联网信息的共享条件下,一是可以实现整个供应链链条企业库存的降低,使传统供应链的"牛鞭效应"消失;二是可以实现整个供应链链条企业的协同,使得整个供应链比以往能更快地响应客户的需求;三是可以实现整个供应链链条企业的创新,形成一个完整的企业创新网络,增加企业的技术能力,减少企业技术研发投入的风险。虚拟整合供应链的运作如图5-2所示。

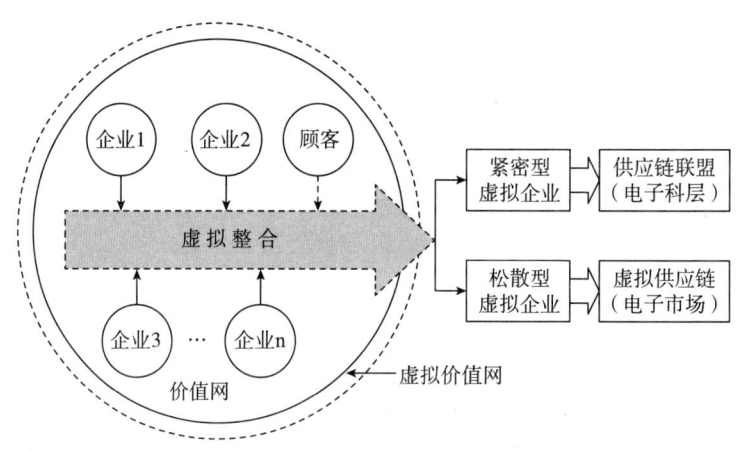

图5-2 虚拟供应链整合

资料来源:百度文库。

第 5 章 虚拟整合供应链网络的协同价值创造：结构洞效应

结构洞理论是社会网络分析理论的一种。现代社会网络关系取向的理论认为，网络关系中个体在其社会网络中占据了结构洞的位置，拥有的关系资源是一种可以产生价值的社会资本，为不同的团体搭桥，保持与各方的友好关系从而达到既定的目标。通过结构洞积累的社会关系，可以在虚拟整合供应链网络的协同上具有一定的价值，因为通过结构洞积累的社会关系具有一定的特性，即该企业跟其他企业有强关系，而其他企业彼此联系甚少，故其他企业更愿意与自身关系保持紧密的企业合作，即拥有结构洞更多的企业拥有更多的合作者，企业的供应商规模就大，服务商的规模也大，在众多的合作伙伴中谈合作，企业不但可以有为自己谈判一个好价格的机会，有一个较高的边际利润及一个高的投资回报率，还可以在众多的合作伙伴中找到更加合适的合作者，增加整个企业的协同效果。拥有结构洞更多的企业，可以获得更多更快的相关信息，在满足客户需求上有更快的速度，能够更加精准地把握市场的发展趋势，更加精准地抓住市场商机，可以赢得整个供应链中其他企业的信赖与追随，最终导致所有供应链中其他企业多会增加与该企业的协同力度。其他企业彼此联系甚少，彼此了解较少，这些企业更加倾向于和与自身关系保持紧密的企业合作，即拥有结构洞更多的企业拥有更多的合作者控制优势。企业可以利用这种优势赢得竞争，增加整个虚拟整合供应链网络的协同价值。

5.3 本章小结

本章首先对供应链虚拟整合协同的相关研究做了系统性的文献回

顾，然后阐述结构洞理论的概念，结构洞效应的内涵，结构洞中各个不同维度之间的内在关系，通过结构洞积累的社会关系，和对这些社会关系的分析，阐述拥有更多结构洞为企业所带来的用以实现虚拟整合供应链网络的协同价值的原因所在。

本章的主要内容和重要创新点可以总结如下：

本章首先提出了虚拟整合供应链的协同的发展过程，即供应链的形成、供应链的整合、供应链虚拟整合、供应链协同。然后阐述了结构洞的概念和维度，论述通过结构洞积累的社会关系来实现虚拟整合供应链网络的协同价值。

本章主要有以下两个主要的创新点：

（1）应用结构洞理论解决虚拟整合供应链网络的协同问题，在理论上有一定的创新性，扩展了结构洞理论的应用领域，也为实现虚拟整合供应链网络的协同提供了新的理论手段。

（2）通过结构洞带来的信息和控制优势不仅对实现虚拟整合供应链网络的协同有较强的现实意义，也为实现虚拟整合供应链网络的协同提供了解决问题的新视角。

第6章 虚拟整合供应链网络协同价值创造的协调机制

6.1 问题的提出

亚当·斯密曾提出由于不同的劳动分工而形成了协调机制。很多学者对协调进行定义，Maech 和 Simon（1958）认为协调是将任务和资源进行划分并在组织成员中进行分配的组织活动过程。Thompson（1967）站在组织部门间的工作流程中来看协调，发现协调的产生是因为组织中存在着三种基本的依赖关系，即汇集式依赖关系，贯序依赖关系和互惠依赖关系。Malone 和 Crowston（1994）指出协调是对各种活动间依赖性的一种管理。通过协调可以达到个体所不能满足的目标。协调的对象可以是业务、组织和各项功能，也可以是任务或资源。

供应链协调在整个供应链的运行过程中起着关键性的作用，首先，供应链网络是由不同的经济实体组成，每个实体有不同的优化目标和私有信息，这些优化目标往往与整体优化目标存在一定的冲突。其次，在供应链网络中也存在很多不确定因素：生产过程中突发的问题、价格的变动、上下产业链的阻断等，这些因素的变动使得供应链网络本身就具有很强的动态性，这就要求各部门和各组织之间在合作中进行充分的协调与协作。

传统意义上的协调是指通过市场或者科层这两种治理手段对交易的多方进行协调，其理论背景主要来源于制度经济学中交易成本理论对交易关系的协调作用。根据交易具备的三个基本特性，分别是资产专有性、交易不确定性和交易频率，因此在协调时要充分考虑交易成本与这三个特性的相互制衡。一般来说，当三者水平均较低时，管理者往往采用价格机制的市场治理模式进行协调；一旦三者中有一者水平较高时，管理者则采用权威机制的科层治理模式进行协调。

基于三个考量标准的科层价格与权威机制模式能够很好地处理发生在传统经济时期存在的一系列现实经济矛盾，但对发生在新经济时代下的经济矛盾处理的运用方面就显现出其不足性。特别是在虚拟整合供应链网络中，传统交易所具备的三个特性都存在一定的偏差。首先，针对资产专用性，我们发现传统的企业关系只存在单纯的竞争关系或者单纯的合作关系，但是在现行的网络背景下，许多企业通常是以一种竞合关系存在的。放眼于一个虚拟供应链网络内，其中会存在大量生产相同产品的企业扮演供应商这一角色并提供专业化程度高的产品，它们通过一系列平行竞争的模式，例如"背靠背"模式和"淘汰赛"模式，一方面，有助于促进整个供应链网络内的自身创新性，同时也有助于减少网络固有的内生性系统风险和企业间资产的相互锁定风险，这些都在一定程度上降低了其外部交易成本。与传统市场的市场结构相比较，制度性的开放程度越高可以使在同一供应链网络内的企业获取相关企业信息的成本下降，使供应链网络内的企业能在一个更好的市场中选择具有互补性的产品部件进行生产。另一方面，以不确定性作为例子，也存在两个方面与之前所发现的不一致。一是由于技术更新快和需求变动性大使得市场的不确定性与达成契约的风险性都进一步增大；二是由于市场不确定性风险扩大，导致个别企业想利用机会主义去建立适用于自身企业规则的可能性会大大下降。由于同一产业链网络下的标准统一了，会避免供应商与客户之间产生依赖关系，使企业很难通过增强资产的专用性来达到双边锁定。另外，从交易频率入手，我们以一些大众熟知的运动品牌为例，例如阿迪达斯、耐克等，这些企业的交易频率非常高，但品牌内部未形成自身的全线生产能力，因此它们会将产品制造的一部分流水线外包给其他供应商。这样的交易模式就与传统的交易模式有着天壤之别，尽管这种模式也属于一种关系式交易，但其形成的是双方或多方按照统一标准或统一规则进行交易活动，一旦交易频率上升，其交易成本自然会降低。因此供应链网络的企业会按照一个既定的市场标准或规则去改进其产品的兼容性，这会确保所有在供应链内的企业由于遵从同一市场标准而使得整体利润得到改善。由于同一产业链网络内的组织采取的是共同的规则，它们的交易场所也在一个超地域化范围内，这样增加了其市场的覆盖率，降低了市场中不确定因素发生的可能性。与此同时，虚拟整合供应链网络具有很高的灵敏性与可延展性的特征，在互联网的覆盖范围内其信息获取的成本几乎为零，这在一定程度上可以避免由于主观判断存在的误差而产生的不必要费用，同时也可以增加资源整合和组织战略的柔性，以及组织间流程整合成功的可能性，这也使不确定因素在一定程度上下降。由此可见，传统的协调模式由于交易特征的改变已不能很好地适用到虚拟整合供应链网络中，因此，必须根据虚拟整合供应链网络的交易特征在传统的协调机制上进行完善和创新。

虚拟整合供应链网络作为一个新的以合作为主的准市场组织，具备高度的专业化生产性，供应链网络中的组织成员互相关联互相影响，每一个组织成员的绩效都与其他组织的绩效密不可分。从虚拟整合供应链网络的组织间学习、社会资本积累以及流程协同三方面来看，供应链网络中的每个成员都具备三种依赖关系，因此要基于这三个视角，设计相应的协调机制对虚拟供应链网络进行协同。第一，在供应链网络范围内发起并建立战略合作小组，确保对利润的合理分配以及对风险的共同分担；第二，利用高水平的信息共享，降低合作伙伴之间库存的成本消耗；第三，发挥整体系统价值的最大效用。前文对流程协同、组织间学习以及社会资本累积进行了探讨，接下来文章主要从信息协调、知识治理以及关系治理这三种协调机制来探讨虚拟整合供应链网络的价值实现。

6.2 协调机制：信息协调

6.2.1 内涵

根据对供应链流程的观察，可以发现协调的运用是为了通过一些方式来确保组织运行的高效，使各组织从无序状态转换到有序状态，并且逐步达到一个协同的状态。一般来说，组织间的协同程度越高，其产生的正效应影响范围越广，而系统的负效应会下降，组织间能够创造出更大的价值。因此往往是包含着若干个互相冲突的子系统，或者是对多个目标有不同评价标准的参与者需要协调。

虚拟整合供应链网络是一个复杂的生产网络，其中包含着众多相互依赖并且需要合作的利益相关者，是一个典型需要协调的组织系统。每个参与者在供应链中需要共享资源与信息，寻求到最佳的互补点，相互协作形成网络，但是由于每个参与者其独立性与异质性，会使个体在追寻利益最大化时与整个网络的目标有所冲突，因此网络在价值创造的过程中需要通过协调来缓和矛盾，以保障供应链网络整体目标的实现。

流程协调最基本的方式就是通过信息协调来调解供应链中存在的问题，在供应链中物流、资金流、知识流以及组织间关系的协调都与信息协调密不可分。信息协调主要是为了确保供应链网络中的信息能够无障碍并且顺畅地传达，确保不会由于信息失真导致虚拟供应链网络出现断层现象或者是市场反应速度降缓。通过一系列的信息协调可以使整个供应链网络依据市场的需求变化做出灵敏的反应，能根据顾客的需求及时作出调整。这也证明信息协调的使用对虚拟整合供应链网络产生的交易成本有一定的遏制作用，形成一种新的组织治理模式，它介于市场与科层两者之间。

通过信息协调方式来确保虚拟整合供应链网络实现信息共享。同时，信息的共享又可以使整个虚拟整合供应链网络的绩效提高。假如当处在供应链网络下游的客户能够事先将需求信息或者预先购买的承诺传达给上游时，上下游的企业通过彼此间的信息共享可以缩短采购时间并减少库存成本，这类利用信息协调替代前期的信息库存，降低了整个供应链网络的交易成本。

6.2.2 方式选择

在信息协调过程中存在许多的干扰因素，有组织的内部因素，例如决策风格、资源共享的内部结构、对风险的控制水平；也存在组织的外部因素，例如组织所处的宏观环境、组织间的依赖关系及其他不确定风险发生的可能性。本书主要是针对竞争的关键点与行业的变化速度来对信息协调方式进行进一步分析的。

（1）竞争的关键点。我们可以将供应链网络划分为两大类：一类是将运营效率作为竞争的关键点，在这样的供应链网络下，信息协调主要为了降低交易成本，通过不断完善自身商业模式来强化竞争力；另一类是以确保所提供产品或服务的独特性作为竞争的关键点，这类企业以为客户制定最优质的专属服务来提高自身的竞争优势。

（2）行业变化的速度。众所周知，各行业间的发展速度是不一致的，所以在对不同行业进行协调时所需要的信息协调手段也存在一定的差异。例如在一些高端信息技术产业内，它们自身的技术更新速度快，对应消费者的偏好也会随着技术的更新而改变，新技术的运用带动需求的改变使整个产业价值链获利模式得到创新；与之相对应的一些传统日用品行业，它们技术更新的时间周期长，并且在技术与需求的变化中可以找到一定的规律。因此就前者而言，在采取信息协调方式时要注重创新意识，时刻把握技术与需求的变化方向，而后者在信息协调上要加强对流程运转速度的控制，确保整体产业链效率得以提升。

根据上述的两个分析指标，虚拟供应链网络模式可以划分为以下四种类型：A类被称为高度柔性供应链网络，该供应链网络由以产品服务的差异化为竞争基础且变化较快的行业组成；B类被称为精敏型供应链网络，该供应链网络以运营效率与适应性为竞争基础，同时也处在一个变化较快的环境中；C类被称为精益型供应链网络，该网络以运营效率为竞争基础，但由发展变化相对缓慢的行业组成；D类被称为定制型供应链网络，该网络以提供产品服务的定制化为竞争基础，且由发展变化相对缓慢的行业组成。这四类供应链网络由于其竞争的关键点与行业对市场灵敏度不一致导致对信息协调的需求有所差异，如图6-1所示。

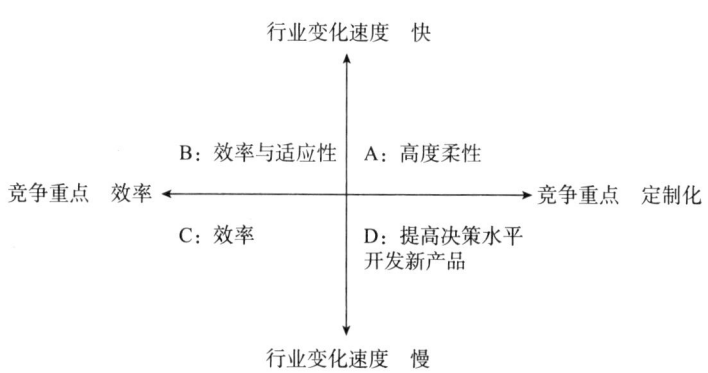

图6-1 虚拟整合供应链网络类型与信息协调方式的匹配

（1）A高度柔性供应链网络。在该供应链网络内适宜采用高度柔性的信息协调方式。这种供应链网络内的成员所具备的特点是变化速度非常快，因此需求的变化也随之加快，这就要求供应链之间要有很强的柔性来适应高速变化的复杂环境。信息协调在这样的供应链网络下就被期望具备高度的灵活性，通过信息的共享来提高组织之间交流程度，以应对行业间的竞争需求，同时也能满足顾客定制化的需求。在这类供应链网络下的企业在市场中取得优势的方式主要是通过提出创新型方案，因此它们信息协调的侧重点在于提高整个系统的柔性以及创新性。

（2）B 精敏型供应链网络。在这种供应链网络内更适用敏捷响应的信息协调方式。在此供应链网络中的成员其行业变化速度也很快，但是顾客的需求变化较为缓慢，这就要求在进行信息协调的过程中不仅要对相应的成本进行管控，同时也要对技术进行创新来确保新能力的实现，以增强行业的适应能力。因此它们的信息协调侧重于对成本进行控制和提高一定的行业灵活性。

（3）C 精益型供应链网络。在这种供应链网络内适合采用效率型信息协调方式。这种供应链网络中的行业发展速度较慢，企业都依靠提高自身效率来获取竞争优势，因此该供应链网络下的信息协调关键在于严格控制成本。这一类供应链网络内的成员在进行信息协调时首要确保的是对其成本进行控制，希望通过信息共享来降低彼此交易成本，如上下游企业利用信息的公开来降低存货成本和事前准备成本，通过交易环节的通畅对接降低产业链中运行环节中的停滞成本。

（4）D 定制型供应链网络。在这种供应链网络下适合采用客户导向、市场导向的信息协调方式。在该供应链网络中，行业发展变化速度缓慢，客户对产品的定制化服务要求程度高，因此供应链环节中的企业在进行信息协调时要以客户的需求作为第一定位，再通过信息协调确保决策的可信度，随着客户需求的变化而不断更新自身的产品与服务，用专业化服务或产品所获得的高收入来抵消技术更新的成本支出。

6.2.3 实现路径

虚拟整合供应链网络中，信息协调的具体实现路径可以从以下三个方面进行（张晴、刘志学，2009）：

一是从企业内部信息过渡到企业间信息协调。这就要求虚拟供应链网络中的成员都要对自身内部信息进行协调，而内部信息的协调是指企业在经营活动中，每个环节的执行都能将准确的信息在准确的时间点以准确的方式传达到所需要信息的有关部门，这样可以使企业制定生产以及需求计划的精准度提高的同时缩短订单的整体周期，还可以降低生产成本，减少库存成本消耗，提高企业内部的运转效率。在经过企业内部信息协调之后，企业在供应链上的层次得到了进一步的提升，与网络内的其他成员间不同的信息协调方式会使整体供应链模式衍生出各种可能的状态，具体会反映在供应链库存成本水平变化以及对顾客需求响应速度差异等方面。在一个到达协同状态的供应链网络中，就必须存在额外信息的获取。这些信息主要是由供应链网络内的上下游相关企业来提供，也称为组织间的信息协调，共享下的信息在组织间可以自由流动、实时传递，确保协同效应的充分发挥。

二是从单层信息协调过渡到多层信息协调。单层信息协调是指对偶协调方式，一般的类型包括零售商—分销商、分销商—制造商或制造商—供应商之间的两两信息协调；多层信息协调方式是指信息在企业传达之间可以跨越层级进行分享，由于信息可以灵活跨越，这确保整个供应链网络内的信息在真正意义上实现了共享可视，同时也推进了整个供应链网络的协同趋势。

三是基于信息协调的广度与深度分别对信息共享的程度进行划分。在不同的层次其所需要用于共享的信息内容也存在差异，如图 6-2 所示。

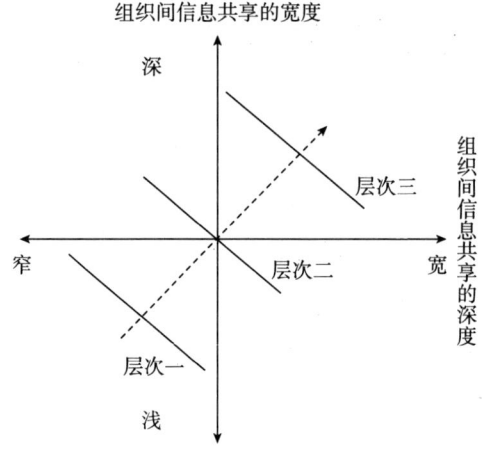

图 6-2 虚拟整合供应链网络组织间信息共享的层次

（1）第一层次：信息传达。这是最简单的一种信息分享模式，传达的相关信息都与一个企业基本运作活动有关，确保企业的基本运营可以正常展开，不会涉及管理决策方面的信息需求。在该层次中的供应链网络还处在一个初级阶段，网络内各成员间联系并不密切，信息共享也需要进一步的磨合。此外，当供应链网络中的双方掌握的都是通用性资产且在一个市场型流程关系中，它们的信息交流不需要更深层，因此在这个阶段总需要交易的双方会通过公共交易平台的共享信息来寻找供需方，这也被称为信息的一般性交流。

（2）第二层次：信息协调和合作。这一层次可以将信息共享分为宽度共享和深度共享。前者是指信息共享的面很广，供应链网络中的成员寻求业务各方面的同步性，如生产同步、运输同步等，组织间能够达到这种同步说明彼此之间具有很大的互补性或关联性，再利用跨领域的信息交流方式，确保合作的高效性。后者是指通过信息共享企业间可以进行更加深度的合作，如联合开发新产品、联合进行生产加工等。企业有能力做到信息的深度共享说明供应链内它们具有的资源在一定程度上具有协同效应,具备的能力水平也相当,通过信息协调和合作之后可以形成更具有竞争力的产业模式。这个阶段信息共享主要适用于供方主导型、需方主导型或联盟型流程关系供应链网络。

(3)第三层次:信息协同。这一层次中供应链网络中的成员具有很强的互补性,也有着良好的合作基础,信息传递畅通,合作关系非常紧密,此时的虚拟供应链网络高度整合,组织间全方位达到协同状态,这也是虚拟供应链网络整合的最终目标和理想状态。在这种状态下,信息共享是以深层广泛为目标进行协调,同时,在该供应链网络下对企业的标准化、信息化和规范化的程度要求很高。一般的联盟型流程关系中,一旦联盟的基础范围覆盖面广,且每个部门所具备的专业化程度高,这种信息共享方式就能发挥其效益,利用信息最大程度的共享,促进组织间的合作加深,使供应链网络的协同效应得以充分发挥。

6.3 协调机制:知识治理

6.3.1 内涵

知识治理思想的诞生基于以下两个方面:一方面是在 20 世纪 80 年代,兴起的"知识运动"引发了经济学家和管理学家的反思。在他们的认识中,交易成本理论在解释以知识的获取、利用和创造为活动中心的组织时存在自身的局限,所以对企业组织等问题需要进行进一步的研究与探讨;另一方面是知识管理已经有广泛的实践活动,但是相关的理论与实践却无法进行有效联系,于是各个领域的相关学者重新将关注点聚焦到利用协调的相关理论来分析企业间或企业内部知识治理发挥的作用。

交易成本理论指出交易具有三个属性,分别是交易不确定性、交易频率和资产专用性,这三个属性也是关于市场和科层制度选择的基本评价标准。与交易治理一样,知识治理的知识也具有相应的特点,其特点也会对组织治理过程的选择与结果产生影响,因此我们要在了解知识自身具备的特有属性后再分析知识治理的效用。

(1)知识的属性。知识的属性主要包含以下几个方面:复杂性、差异性和互补性等(Grandoni and Kogut,2002;Foss,2006)。首先,知识是具备复杂性的。这种特征主要体现在计算与认知两者的复杂程度上。计算的复杂性主要是因为知识转移过程中的成本属性以及"公共物品"属性等;而认知的复杂性表现在知识显示的困难程度。其次,知识是具备差异性的。这个主要表现在技术以及认知存在一定的差异。一旦组织相互间差异过大时,组织的协同效应难以实现,在这样的情况下就需要采取强制有效的手段对组织间学习的效用进行整合;认知的差异是因为组织间的心理距离,认知距离的存在使沟通过程不顺畅甚至发生冲突,知识的差异在很大程度上对吸收能力产生抑制作用。最后,知识是具备互补性的。每个组织都具备一定的知识储备,但是知识的内容是有局限性的,没有一个组织能掌握自己所处领域的所有知识,所以组织之间需要在知识领域进行互补和共享,这样才可以确保知识发挥它的最大作用。

知识自身具备多重属性和特征,因此在供应链网络组织学习的过程中，为了使组织间学习效用被最大限度地激发，就要通过制度设计去确保知识协调过程能够顺利进行，这意味着要对知识活动的全过程进行协调。

（2）知识治理的概念。许多国内外学者对知识治理进行了深入的研究，并且也对知识治理进行了相关定义，如知识治理是对企业内部和企业之间知识的交换、转移和共享的治理（Grandori，1997）；知识治理是指选择正式和非正式的组织机制和组织结构，以最优化选择、创造、共享和利用知识（Foss，2003）；知识治理是对知识流动的治理安排，其目的是支持价值创造（Mahnke and Pedersen，2004）。我们对这些定义进行总结后发现，知识治理主要是指：①对不同知识主体之间知识流动的治理；②是一种制度设计或者制度安排；③它是通过正式的制度设计去更多地影响非正式的组织实践以达到治理的目的；④它的目的是通过对知识转移、共享和利用创造最大化的价值。

知识治理作为一般制度安排，其在意的是对知识行为的治理，即通过不同的组织形式、正式或非正式的一系列实践等，来影响行动者在使用知识时而形成的各种模式以及行为，同时也要注意在知识交易中存在的风险。由此可以看出，知识管理的重点在于对知识获取、创造等的具体管理活动，知识治理是对知识管理的一种制度性保障，可以在一定程度上对知识行为进行引导和制约（李维安，2007）。即使我们不能将知识治理作为一种全新的理论，但是它对提高人们对"知识—组织"的关系的认识起到很大的推动作用。伴随着知识经济时代的到来，在供应链网络协同的核心位置，知识作为关键因素发挥着重要的作用，因此组织在实践过程中会普遍采取知识治理的协调方式。

将知识治理运用到虚拟整合供应链网络中即推动知识在供应链网络中的转移和共享，确保生产商、供应商与客户在分享利益的同时也可以共担风险，这样有助于供应链网络内的组织知识水平保持稳定与协调，进一步推动整个供应链网络总知识创造力的发挥。

6.3.2 模式选择

在虚拟整合供应链网络中，组织间的学习也被视为知识的一个交易过程。传统经济学对协调机制的考核都是通过衡量其成本的消耗，即在一段交易过程中，哪一种协调机制所需耗费的成本最小则为最优选择。但知识交易过程与传统的交易过程存在较大差异，我们除了要考虑交易成本，还需要考虑到知识自身的特性，最重要的是要优先考虑在整个交易过程中知识被认知的可能性。Grandori（2001）认为，在完整的知识治理过程中应具备两层逻辑。首先要考虑知识在转移过程中被认知的可能性，其次才需要比较转移知识的成本。如果知识存在失灵，即不被认知，那也无法进行下一步的知识交易行为，因此也不再需要考虑转移知识的成本问题。在虚拟整合供应链网络中，网络中的成员要根据上述两个指标考虑采取正式的组织制度、组织实践还是非正式的组织制度、组织实践来协调彼此之间的关系，如图6－3所示。

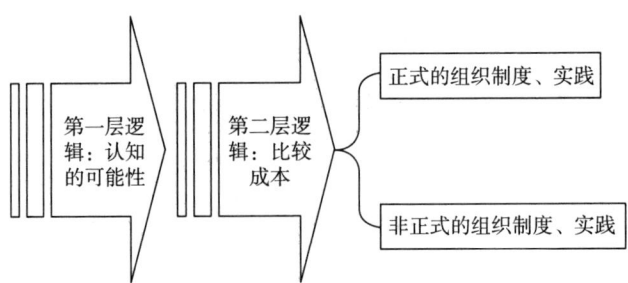

图6－3 知识治理的考量标准与知识治理模式

以知识治理作为考量手段对虚拟供应链网络整合中知识所发挥的效用进行分析,可以发现其有效性具备了一定的外延性。不仅可以通过正式的组织制度和实践去计划选择如何进行知识转移,也可以通过一系列非正式的制度安排去协调知识的交易过程,例如通过文化、习惯等方式。通常,知识治理的本质就是两种组织机制相互作用后对知识的组织过程产生一定的影响,这种作用会对组织结果产生两种影响,分别是"替代效应"和"补足效应"。

传统的知识管理,通常是将知识治理作为一个补充手段在组织活动中使用,而在知识的治理理论中,知识治理的定义则是将更有效的知识集中在更加有效的组织正式机制中,使得通过正式或者非正式的协调促进成员间的学习研发能力,确保知识因素更加有效地运用在知识的组织过程中。

6.3.3 实现路径

经过组织间正式或非正式的组织制度与组织实践活动,虚拟整合供应链网络中组织间知识共享与创新得到了有力的保障,知识治理绩效得以彰显。

本章以供应商网络学习为例,在虚拟整合供应链网络的范围内,要建立一个高效运行的供应商网络就需要促进供应商网络的学习,以满足组织间学习效应的发挥。在供应商网络中首先要存在一个重要的客户中心,这也是供应商网络学习的核心环节,对整个网络学习起着推动作用。同时,在进行供应商网络学习时要在彼此间建立高度的信任关系,只有达成了相同的心理契约才能使客户中心与供应商的关系更加密切。例如在丰田汽车制造网络中组织间的知识共享是通过其成员企业间的双重学习过程来提供保障的。第一重学习是指丰田供应商联盟中的"问题解决学习"小组和"自愿学习"小组所开展的学习活动,这两种学习小组适用于供应商之间的信息与知识共享活动。第二重学习是指通过召开公司首脑会议,向供应商的雇员提供大量培训课程和实习机会以及为不同企业之间的人员交往和流动,特别是以面对面的接触创造便利条件等方式来实现知识在水平和垂直两个方向上的快速传递。丰田与供应商之间的这种学习模式已在丰田汽车制造网络中形成了一种制度、一种惯例、一种文化,成为组织间知识共享与创新的基础。

根据上述案例可得,在虚拟供应链网络整合的实施过程中涉及知识共享、创造与心理契约等内容时,知识治理作为一种制度设计和安排在网络中发挥着极大的积极作用。

6.4 协调机制:关系治理

虚拟整合供应链网络中涉及许多的利益相关者,每个个体组织的目标与供应链网络整体目标存在差异,这会导致供应链整体与局部在追求最优化时可能会发生冲突;另外,虚拟整合供应链网络中的组织是一个竞合关系,它们彼此之间既要竞争也要寻求合作,因此它们在实现自身组织目标的时候会存在共同利益,也会产生一定的矛盾,为了确保整个供应链网络正向累积效应的充分发挥,我们就应该充分考虑组织间的利益和关系协调机制的运行。相比传统的整合,虚拟供应链整合与之存在很大的差异,传统的垂直整合是通过整合所有权控制来达到协调目的,但是虚拟整合供应链就是通过组织间关系协调即关系治理来达到目的,在这种模式的约束下如何既兼顾垂直整合的控制力也确保市场调控存在一定的灵活性,同时不会损害到整体效益是我们本节需要讨论的主要问题。

6.4.1 内涵

关系治理理论与交易成本理论对交易关系基于不同的分析视角。后者从经济学角度对交易关系实现的决定因素进行分析,而前者则站在社会学视角探讨了维持交易关系实现的必要条件,这也使经济交易关系不再是从单纯的经济视角出发,它也会考虑与其他社会因素发生的作用关系,社会性内容对交易经济活动的影响这一点在以往对交易活动的研究中是有所忽略的。

美国法学家 Macneil(1980)在关系契约理论中第一次提到关系治理。Macneil 认为,契约可以被定义为人与人之间的一种交换关系,任何交换都包含两类特性,分别是交易性和关系性。他从 12 个方面说明了契约的关系性。私人关系的嵌入;交换物品难以被测量;契约持续时间长;没有明确的开端和结束时间;事前难以对交易进行精确的计划,但有可能对关系结构进行界定,并且在履行契约的过程中对计划进行完善;交换能否成功完全依赖于履约过程中的进一步合作;参与者共同分享收益和承担成本,但收益和成本常常难以在参与者之间严格分配或分摊;契约中存在不需明文规定的内生义务;契约难以被转让;参与者常常有多个;参与者期望有利自己的行为出现;参与者认识到在履行契约的过程中会遇到很多困难,并且必须通过他们之间的协调来解决。通过对上述表述的总结,交易活动与社会关系不可分割,在很大程度上是受到社会关系约束的。

关系治理理论被广泛地运用在组织间的活动研究中。在一个分散的市场中，一旦市场出现失灵现象，某种形式的关系就会建立起来。在一个确定的关系契约中，组织间所建立的联系是多种多样的，双边联系或多边联系会为了实现一个共同的目标而相互协作、联合运营。虚拟整合供应链网络之间的成员也是为了共同的目标而形成一定的关系契约，共同分担责任，彼此相互信任，使得供应链网络内的企业尽管利益目标不同，但是具有相同的文化及价值观，促使整个供应链网络效率提升，协同化的流程得以顺利运转，组织间的共创共享发挥出最大的效用。

虚拟整合供应链网络的关系治理即对供应链网络中所形成的组织间关系进行非市场与科层协调的制度安排，确保供应链网络内的成员都会自觉遵守共同的规则，从而使得彼此间交易能够顺利进行，以实现网络范围内的价值最大化。

6.4.2 模式选择

美国经济学家 Gereffi（2005）等提出了组织间交易关系存在三个不同的属性。第一个是交易具有复杂性，一段交易过程中信息和知识都具备一定的复杂性。在虚拟供应链网络中的供应商成员得到一个新需求的信号，要求提供的产品其差异化水平要提高或者供应数量要增加，这时交易的复杂程度也随之改变。第二个是交易信息具有可编码性。如果在交易过程中其传递的信息与知识可以进行编码，在整个交易过程中其效用就可以最大化地发挥。因此可以发现信息及知识具备的可编码程度越高其可获得性以及使用效率都会得到提高。例如一些旗舰企业通过制定一套标准的产品技术流程来降低交易过程中的复杂性。标准流程制定后通过书面方式确认下来，使信息传递更加简洁明了，提高信息在交易过程中传达的准确性。第三个是当前和潜在供应商的能力。在供应链网络中，要求供应商有能力达到需求方的生产要求，特别是在信息传递具有一定负责性的网络中，此时供应商还应具备识别和接收信息的能力。根据上述的例子，在一个供应链中标准化的编码信息在网络内自由流转，供应商也充分了解生产的需求，这个时候供应链产生了模块化生产效应，伴随着模块的不断更新补充以及完善，同一个系统下的要素被反复利用，有助于财力以及人力资本的积累。

Gereffi等（2005）对于组织间价值实现关系治理模式进行了比较全面和详细的探讨，也充分考虑了虚拟整合供应链网络中组织关系的治理。但在现实供应链网络中，我们要考虑的不仅是供应商的能力，还需要充分考虑企业上下游销售成员的销售能力，即关系治理可以是企业针对上游产业的同时也可以是针对下游产业的，与此同时也应当适当加入对需求能力的考虑，如表6-1所示。

表6-1 中间性组织关系治理模式

治理类型	交易复杂程度	交易编码能力	供应商的供给能力/需求方的需求能力
模块化（Modular）	高	高	高（主要考虑供应商的供给能力）
领导型（Captive）	高	高	低
关系型（Relational）	高	低	高
科层式（Hierarchy）	低	低	低
市场化（Market）	低	高	高

(1) 领导控制型治理模式。

这种模式主要适用于供需双方共同主导型的供应链网络。在该供应链网络中，其交易的复杂程度比较高，但信息与知识可以通过具体形式的编码表达出来，例如书面说明，这样交易信息的可理解程度很高。这种模式的使用有两种代表形式：一种是旗舰行业对供应商生产进行指导和控制，由于供应商自身能力不足，当面对一系列负责产品信息时，它需要下游的旗舰企业对其进行指导，以确保产品的提供是符合要求的。另一种是上游的旗舰行业对销售环节进行指导控制，当下游经销商能力不足时，通过上游对其进行指导，确保它们在复杂的市场环境中依然占有一定的市场份额。只有以上两种情况的发生，供应链网络才会趋向于形成领导控制型治理模式。这种模式下，由于旗舰企业具有较大的控制权力，很可能在上下游交易链中通过独占交易等手段获取最终的成功果实。可以看出这种供应链网络具有很大的排他性，因此处在供需双方的企业都会面临比较大的转换成本。

(2) 模块化治理模式。

这种模式也被称为是合同式生产，主要适用于需求方为主导型的供应链网络。在该供应链网络内，面对复杂的交易信息，其知识和信息都可以以编码形式来表达，这就会形成模块化的治理模式，所有的产品都以模块形式来表现，同时各模块之间也存在着一定的联结方式。该模式下具有代表性的行业就是家电行业，例如各种电脑产品。

在虚拟整合供应链网络中，一旦产品的设计形成了一定的模块性，说明产品的差异化缩小，产品和生产流程得到简化，此时供应商具备了提供模块化产品以及服务的能力，因此采取模块化治理是这个阶段最为合适的手段。在模块化的治理下，交易的成员可以依据产品和服务进行明确分工，上下游企业根据自身职责进行相应的生产活动。上游企业负责产品设计与分销工作，将生产工作分包给能独立完成生产活动的供应商，尽管供应商没有参与产品设计的权利，但是双方可以就设计问题进行探讨与交流。下游需求方不需要对生产负责。根据上文所述，模块化的治理模式下，供应链网络上下游之间的联系非常紧密，随着时间的流逝这种关系会逐渐加强。

（3）关系型治理模式。

这种模式是对合作型生产关系进行治理，主要适用于联盟型供应链网络与集群市场化供应链网络。

在关系型治理模式中，交易的信息复杂程度高，并且不容易被编码化处理，但是交易双方可以通过其他企业的核心能力来完成交易。在这种模式下，上下游之间通过信誉、社会或空间的远近、道德机制等来进行制约。在虚拟供应链网络中，交易双方彼此间的空间距离远，但是大量的供应方与需求方在同一个网络内聚集，并且形成了一定的规模，同时也具备良好的经济效益，促使网络内的企业为了在网络中站稳脚跟并且获得经济收益而努力遵守规则，保持好的商誉。在这样的网络中，一旦有企业发生违约行为就会被网络剔除出去。换句话说，违约的企业很难在市场上生存，所以网络的关系协调在治理中发挥着关键作用。

关系型治理模式主要有以下两个特点。第一个特点是，交易双方的地位要相对平等，这样可以确保产品在生产上相互制约，同时两者都为纵向关系，相互共享专用技术与知识。在这样的治理模式下，交易双方所具备的能力是互补的，两者相互制约。第二个特点是，该模式与模块化治理有很大的差别，两者互补性不仅体现在一些零部件的生产上，同时在设计与销售方面也能够得到体现。假如两企业在项目成立之初就已经有合作意向，即使合作双方对最终结果没有清晰明确的概念，但是双方都保持坚定合作的信念也认识到对彼此合作的需要，它们就会共同解决产品设计、生产、销售等一系列问题，在合作中取得进步，也将在进步中取得收获。

6.4.3 实现路径

在虚拟整合供应链网络价值创造的关系治理中，主要通过软性契约和硬性契约对交易关系进行控制与协调。软性契约主要是表示企业间的一种信任关系或者是交易双方的共同目标等与社会资本相关的因素；而硬性契约是指为提高整体供应链网络的收益、降低损耗以及共担风险而签订的契约，在契约中会明确规定采购者采购以及供应商供应的具体指标性参数，例如交易数量、价格、时间等。但是要注意的是此处的硬性只是代表订立了明确的条款契约，并不是指不具备任何伸缩性，硬性契约中也包含了一定的柔性因素。例如企业间存在数量方面的契约，那么供需双方都需要共同承担库存中发生的损耗成本，因此供需双方通过供给需求的信息传递可以降低库存的成本。这就是通过契约协调促使企业间的合作可能性增大，从而对整个供应链网络起到积极的促进作用。可以看出，在一个硬性契约的实施过程中，软性契约的运用可以对硬性契约做一个很好的补充与完善，通过加深组织间的信任和承诺，使组织间具备相对的柔性色彩，可以确保协同的有效性和组织间协作的弹性，使组织间的合作发挥最大效用，如图 6-4 所示。

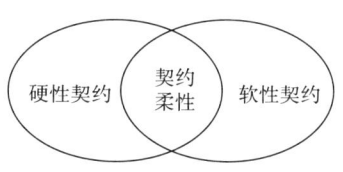

图 6-4 组织间关系的契约协调

虚拟整合供应链网络中利用契约对组织间的关系进行协调，其目的在于扩大整个供应链网络的经济效益，减少一些不必要的成本消耗，提高供应链网络的整体服务水平，协调组织间的学习实践，同时在一个供应链网络内的成员也可以共同分担风险，确保供应链网络的价值目标能够完成。

6.5 三者之间的关系及其在协同价值中的地位

6.5.1 三种协调机制的关系

在社会经济发展的背景下，交易关系与协调机制密不可分。信息协调、知识治理与关系治理这三种协调机制的联合运用在很大程度上为虚拟整合供应链网络的价值创造提供了实践基础，只是运用在不同的供应链环境中，三者的侧重点各不相同，但是总体而言，它们间彼此相互依赖，共同为网络价值创造的实现而服务。在信息协调机制中，不仅能够降低流程协同成本、提高流程服务水平，还能提高整个供应链网络的可视性与响应性。在知识治理的运用中，则是通过正式或非正式的组织制度与组织实践对知识进行合理化的共享和利用。在关系治理的协调机制中，交易双方被允许通过柔性契约来应对不确定性的发生。因此，不能单纯用一种协调机制指代供应链的整合过程，这个过程是一个组织结构的变革，是对组织结构维度的治理，处于市场与科层的中间性组织模式。

（1）信息协调与知识治理。

这两者很难在定义上进行清晰明确的区分。一般在虚拟整合供应链网络中，企业间的信息沟通与知识共享是同时存在的，因此两者密不可分。在信息平台进行信息分析与共享时，知识的转移也同时在进行着，信息协调在很大程度上可以帮助减少组织间知识转移的沟通障碍，确保知识在组织间能够有效地横纵向传达，保障知识治理最大限度地发挥其效用。同样地，知识治理通过不同的手段也可以对信息协调起到促进作用，帮助信息协调开辟新的协调渠道和沟通方式。两种治理方式的联合运用主要是借助虚拟供应链网络中的无形资源进行协调管理，为虚拟整合供应链网络协同价值研究提供保障。

（2）信息协调与关系治理。

在虚拟供应链网络协同机制下，价值链的垂直结构可以形成多个专业化的组织模块，这些组织间需要通过信息协调进行合作，来获取产业链中的经济效益，同时利用信息协调也可以克服产业内不确定因素导致的副作用。伴随着组织间信息沟通程度的加深以及重复频率的增加，可以慢慢累积一定的社会资本，再加之关系治理的运用，供应链中的合作双方可以建立起合作共赢以及互相信任的伙伴关系。一旦组织间的关系建立之后，这样亲密合作的关系会推动整个供应链网络的发展，再一次反作用到合作的双方，使沟通与交流上升到一定的程度。信息的可视性用来评判供应链组织成员计划和控制需求供应相关信息的程度的大小，是加强企业间协作的基础。关系治理的柔性则是指供应链网络的参与者可以根据需求方的要求对供应信息进行迅速的改变以满足顾客。这种特性使供应链网络可以快速地在市场中找到适应点并根据市场信号作出适当的改变。在一个不稳定的市场环境中，由于不确定性的广泛存在使得具备这种柔性治理能力的企业有很大的优势。

（3）知识治理与关系治理。

组织间的知识共享和相互学习都是在强调要对组织间的价值观和行为进行统一规范，也都是为了减少组织间进行知识共享与互相学习时产生的思想障碍。所以，实现组织间知识共享和相互学习的前提条件是通过关系治理协调成员和企业间的价值观与行为标准。同样地，在知识治理的过程中，组织通过正式与非正式组织机制和组织结构的选择，使知识得到深化。综上可得，知识治理的运用有助于关系治理的深化。

6.5.2 各自所占的地位

在虚拟整合供应链网络的价值实现中，对价值创造的实现、经济租金的获取起最直接作用的是信息协调、知识治理以及关系治理。虚拟整合供应链网络价值创造主要在于三种租金的获取，分别是彭罗斯租金、L租金以及关系租金。基于价值链价值配置逻辑→互补性资源/能力→流程协同效应→信息协调→彭罗斯租金，价值群价值配置逻辑→知识→组织间学习效应→知识治理→L租金，价值网络价值配置逻辑→组织间关系联结→社会资本累积效应→关系治理→关系租金。因此，虚拟整合供应链网络的价值创造得以在三种价值配置逻辑的作用下实现,在整体实现的过程中,三种协调机制都在价值实现大圈的最内圈,是虚拟整合供应链网络价值创造实现的关键因素和必要条件,如图6-5所示。

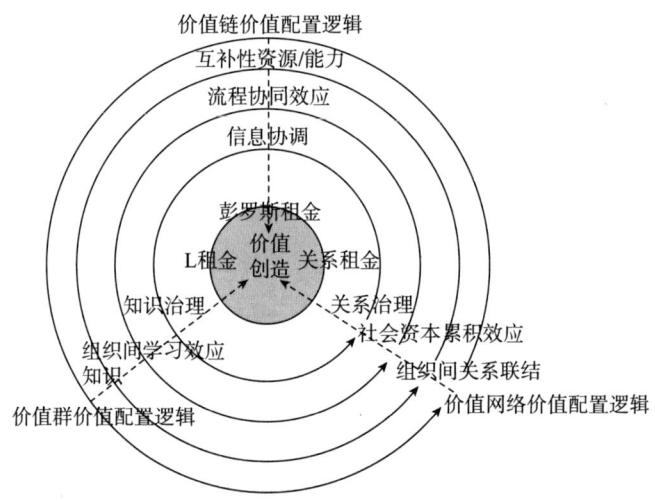

图6-5　虚拟整合供应链网络价值创造实现的关键因素和必要条件

图6-5构建了一个相对完整的虚拟整合供应链网络的框架。第一,对虚拟整合供应链网络价值创造过程的研究发现包含三种价值配置:价值链、价值群和价值网络,三者分别从三个不同维度对同一个问题进行了探讨。根据三种价值的影响,虚拟供应链网络价值的实现主要依靠三个动力器:互补性资源/能力、知识和组织间关系联结,三者在供应链网络价值实现中起到助力作用。与此同时,三者也不可分割,互补性资源/能力、知识以及组织间关系联结的价值实现是要通过流程协同效应、组织间学习效应以及社会资本累积效应三种价值创造机制来起作用的,这三者依然是同一价值创造过程中的三个有机过程,彼此间高度融合。要确保三种价值创造机制发挥其效用,就必须对价

值创造过程加以协调,即联合运用信息协调、知识治理和关系治理。最后,在三种协调机制的作用下,供应链网络成员共同分享彭罗斯租金、L租金、关系租金。

6.6 本章小结

本章主要是围绕虚拟整合供应链网络的协调机制进行探讨。对各组织在虚拟整合供应链网络的实现过程中会运用到的信息协调、知识治理以及关系治理三种治理方式进行了分析与讨论。信息协调机制在供应链网络中能降低交易成本,改善交易的可视性;知识治理则是通过正式和非正式的组织制度和组织实践,最优化选择、创造、共享和利用知识;关系治理在一定程度上允许交易双方通过柔性来应对交易中存在的不确定性,这种不确定性包含了对于关系持续性和相互依赖性的期望,这可以通过可见的未来收益和道德上的约束来规制机会主义行为。本章对每一种治理机制都进行了详细的分析,包括它们的内在含义与在整合虚拟供应链网络中三者的实际运用。通过分析,我们可以知道三种治理机制在实际运用中是相辅相成并且互相依赖的,三者缺一不可,三者同时发挥的效用在虚拟整合供应链网络价值创造过程中起着关键的作用。

第7章 案例分析

7.1 服务主导型供应链网络的物流公司

在我国国内的某些农村市场中,这一类型的物流公司的存在主要是为了能够帮助农村市场解决一些现存的严峻问题。在研究了相关案例之后,我们将这一问题总结如下。

第一,随着市场中各个体系的逐步完善和改进,在中国的农村市场中,各个不同的供应链也随之呈现出迅猛增长的趋势。对于这种增长的态势来说,主要是在农业产业以及政策上得到了具体的体现。各项基础设施日益完善,与此同时,农村中农民的人均收入水平也随着我国国内经济的迅猛发展有了极大的提高,那么就可以顺利地帮助有关主管部门以此来拉动农村品牌效应的内需增长。关于连锁经营的先进理念也在此背景下迈入了发展的攻坚阶段和关键环节。相关数据在过去的这一年内显示出了农村的增长速度首次超过城市的上涨水平,也顺利实现了大逆袭和"弯道超车"。

第二,虽然数据显示如此,但是在我国国内仍然存在着十分明显的国内"供过于求""有场无市"的现象。世界公认的一个现象是我国国内农村市场中消费者的潜在消费能力是无法限量的，可是我国目前商业市场中存在着严重的现代化商业体系建立不完全的现象，就我们在有关调研中掌握的现状来说，农村市场中存在着严重的设备设施不健全、方式方法陈旧、物流成本居高难下、市场进入壁垒高等严峻问题。这些市场中存在的严峻问题不单会对农业生产和增收产生一定的消极影响，同时也会在一定程度上抑制农民消费群体的消费能力，这一影响也会使得农村市场化进程被动延缓。

第三，结合商务部在之前颁布的《农村市场体系建设"十一五"规划》中的有关数据统计来说，在我国农村的市场中，企业选择实行连锁经营达成的交易总额在农村交易总额中占到的有关比重不到10%；在这样的背景下，就造成了农村市场中的商品流通信息化相关基础设施的建设尚处在起步阶段，据有关统计显示这些数字只有9.23%的市场在其市场内部全部或小部分采用了有关电子商务的交易技术。如我们前文提到的在我国国内的农村市场中"有场无市"的严峻状况仍然存在，简单来说，在市场中的有关基础商业形态还是以夫妻店、食杂店等普遍存在的，这些商店形式的存在同时也是市场经营秩序混乱、假冒伪劣产品横行现象背后的本质原因，农民消费群体整体对商品缺乏真伪辨识能力也就直接造成了市场当中无序的竞争。

除了上面说到的几点之外，公司内部主要经营渠道和辅助经营渠道二者之间配套的标准化管理和相应的市场监管手段也未能及时得到全面的贯彻和落实，这些原因都最终导致了在农资经营市场中不同的价格拥有不同的水平、质量得不到相应的保障。在我国国内目前有三分之一以上的农民消费者在最基本的生产资料、消费资料等方面的购买问题上都需要舟车劳顿地跑到县级以上的市场上去解决。这一问题根据中国消费者协会每年颁布的调查结果可以看出，有 31.3% 的农民消费者普遍认为从身边市场上购买生活和生产必需资料十分不方便。正是出于要解决这种情况的意向，我国政府和有关部门正式启动了社会主义新农村化建设的有关工作。根据相关规划的指导和布局，我国于 2010 年建成了"万村千乡"市场工程农家店，并且当时要实现将这些工程农家店覆盖 75% 以上的县的初步设想，在农村市场中初步形成将乡村零售网点作为一个基础点，批发市场和连锁配送中心等大中型销售点为主要骨干，辅佐以各类不同的农村流通合作经济组织以及农村流通大中型企业为主体框架的农村专属市场体系。为了能够切实地落实并实施该计划，有关主管部门早在 2005 年就将这一市场工程的先期试点项目纳入到了专项资金支持的范畴之内。

上述数据以及当今政策发展动向表明，中国农村市场的流通，不仅在该领域商业体系的现代化建立上得以体现，更加体现在这一过程中各个不同经济主体之间虚拟整合的高效性和整体性。为了能够真实地均分利益，整合中的所有利益相关者之间会增强某些必然性的互动，这样的互动也帮助我们从实际上解决了在这个境遇下的市场中存在的现实问题。相关部门的计划主要是让有关整改措施从最基础的网络架构层面出发，在我国现有农村市场配套流通体系中，将各个不同的主题都牵涉到这次改革中。体系中的这些主体虽然具有不同的形态和功能，可是这些主体却都是农村市场网络体系不可缺少的促成部分，面对体系中各个主体面临的不同挑战和其内部存在的潜在问题，自然而然地也就会产生不同的价值诉求。

在所有该类型的企业中，方兴物流公司针对这一情况建立起来的互动平台与公司传统经营过程中积累下来的传统价值创造体系，在当今这一局面中针对中国农村市场所面临的问题以及各类主体遇到的新挑战等，使得公司的相关领导选择在当地利用自身拥有的网络体系，并结合在社会中积累的社会性质资源和有关能力，将其全部整合在一起合力打造出一个全新的以服务为主导的供应链物流体系，在这一体系中成功实现与各方之间的互动，通过这一体系，案例公司既成功实现了自身内部的经济价值的统一，同时也实现了针对现有农村商品市场的现状推出特定产品的目的。通过对案例公司进行研究，学者们统一认为我国国内的农村市场有以下几个普遍的特点：

（1）现有人口基数过大，拥有十分可观的消费前景。在我国国内的农村市场中，农民消费者人群占总人口的比例十分庞大，虽然这些农民消费者的消费水平尚未得到完全的发掘，可是基于其可观的人口基数，群体所产生的消费总量尚且不成问题。

（2）季节性消费习惯明显。在城市已趋饱和的产品在农村与城市在消费时间上存在一个时间差。首先季节性的农耕文化指导农民消费群体在重要商品需求方面，形成一个特殊的偏好是：生产刚需占主导，一些进行农业生产所必需的资料例如化肥、农药、种子、农用薄膜、农用机具等；其次农民消费群体的另外一个偏好是在建房方面的需要，如建筑材料、装饰材料等；最后农民消费群体的偏好才是日常耐用消费品等。在这些偏好上体现出来的群体消费观念是重物质需求，轻文化、服务需求。

（3）消费从众心理严重。农村居民由于活动范围有限存在不可避免的攀比和从众心理，邻里间的"口碑"成为信息主要流通方式并形成良好的"示范"效应。

（4）商品结构扁平化。农村商品市场相较于城市缺乏多样性；相较于潮流商品，实惠商品更为其主导部分；中老年商品少于青少年商品；杂牌商品多，且知名品牌甚是缺乏。

(5) 农村市场的根基不稳固。农村大规模的商业点稀缺，快递行业配送不完备，导致农民消费选择的空间不大。

根据以上调研显示出来的结果，该案例物流企业的有关领导选择以农村市场为中心开发供应链的完全构建。具体体现在以下几个方面：

(1) 积极响应国家有关部门建立现代化信息系统的号召，切实地为供应链的日常实际运行提供有效抓手。

1）建立与之配套的完善信息查询系统。公司在制定了大方针之后，开创了以"小康树"信息系统为核心的体系，以"小康树"为基础建立了数据库，并专门针对这一数据库进行深入的挖掘，涉及企业有关利益群体的建立专门的信息查询平台。通过以宏观调控企业的运营中心为出发点来实现让商品从企业这一"源头"直达消费者这一"码头"或农民手中的设想，形成宏观信息把控下的"库存"运营。降低了商品在进、销、存过程中的能源损耗以及额外消费，优化配置了"人、财、物"等资源。

2）GPS 运输监控系统。GPS 系统实现了车辆的实时定位，GPS 中心调度监控塔台，智能计算最高效运输配送路线。提高精准度，从货物起运时就在云平台通过实时计算，得到精准的货物到达时间、实时位置等物流信息，这样厂商、配送、集散中心各环节相关部门就有足够的运筹时间，使货物实现实时监控与高效签收，使配送效率、效益在有效的、科学的调控下得以体现。

3）电子"钱包"模式。根据"单位销售单位结算"的即时原则，当每一件商品售出时，交易各方应该得到的收益即时汇入其自身的电子"钱包"中，通过这种电子"钱包"的模式，在各个层面与各个合作者中可以直接反映出营销的收益是怎样分配的，从而达到了各方应得的真正利益即时进入自己的电子"钱包"，真实地做到了分配直视透明、结算迅速及时，使得合作者之间相互信任、相互信赖。

（2）设立内部运营制度体系。

优良健康的内部运营制度体系才能为整体系统流通工作提供高效率的良好服务，各个地方及区域连锁经营创立与管理的核心是设立一个运行高效、目标清晰、管理科学的内部运营制度体系。通过"绩效类比"的方式来考核各个经营地区的业绩与成效，从而真正地达到连锁分店与业务部门的有效分类管理。

（3）品牌塑造。

对于塑造具有长期竞争力的物流企业"小康树"连锁经营体制的品牌阐述如下：首先它的运营体制与树木本身的系统机制具有相同的性质与模式，其次它的体系架构和树毫无差别。关于"小康树"的内涵品质，我们可以发现其经营体系如同茁壮生长的大树：即从大树的根部开始依靠"根系"汲取营养从而支撑整个大树根深叶茂的体系，分布于农村各个市场的网点如同粗壮的"树枝与树叶"，利用大树自身的光合作用原理，依靠外部能量制造营养再反向运回根部。同时，在当地的民俗中，"树"与"福"具有相同的发音与意义。由此我们明白这是一个互利共赢的机会，将携手发展、壮大。在"小康树"各个方面的品牌形象打造上，其中包含设计形象、产品形象、价格形象、服务形象、视觉形象、发展规模、产业扩张等。对于社会的影响通过品牌的感召来实现，从而使得农民信任且依赖"小康树"这个品牌。忠实的客户与销售额随发展不断增多，给产业的相关企业增强了经营发展的信心，增强了相关合作者的效用，同时增加了该地区的名誉声望。

(4) 建立共同发展的运营机制，实现经济利益共享。

经济利益共享、各方共同发展才能在现代市场经济的体制下长期均衡发展，才能保证连锁体系的稳定，才能保障"三农"政策的精准服务，成为农村服务、生产、生活中的支持者和依赖者。依据"分工协同、流程透明、实销实结、合作共赢"的总原则，经济分配的结果最终体现了多方共赢的局面，在整个连锁经营体系的运营过程中相关合作者都是其中的获益方。我们从方兴的运营系统中可知，在经济活动中各方可以通过此体系即时分配、透明交易、直接地计算并得知自己的从中收益。在交易层面，从分公司到业务部门的分配都执行五五制的原则。在分配落实的过程中，各方即时透明，投资分配依照上个月的效益，劳动所得依照电子钱包。因为即时化的特征，分配模式达到了增强管理者与调动劳动者积极性的目的，使得发展与奖励转化为一个实时连续的过程。

(5) 构建连锁经营的风险管理体系。

物流企业"小康树"的风险管理与控制涵盖以下几个方面：一是选择加盟对象并对其进行培训。为了控制在选择加盟对象时的风险，最初应当对加盟者在经营理念、商业声誉、服务素质、发展资源、团队实力等方面进行实际的评估与考察。例如重点发展高影响力代表：当地的人大代表、政协委员、村镇干部或者长期从事商品经营的实力强、声誉高的大户。二是增强经营过程监督管理，使连锁体系、加盟商、供应商等各个环节各个流程透明可视，及时发现品牌塑造、产品流通中的各类问题并加以解决。三是进行企业之间、合作方之间的法律约束。通过签署有效的法律合同加强经济活动中的风险管理。四是进行道德约束，通过商业道德以及各方的从业道德约束双方，促进合作，控制风险。五是建立且利用信任机制，通过非人工操作的实销实结，该体系使得放贷方能够及时收回贷款并增强放贷投资意愿，从而促进了加盟商、供应商和连锁体系的多方合作，构成了一个经济利益共同体。

7.2 开放性柔性供应链网络

当今社会人们的需求追求个性以及高端定制化，"小而精""精而美"逐渐成为了各个不同服装品牌在发展中追求的大趋势，同时许多不同的小额订单也将成为企业接受的普遍现象。反观之，传统的大工厂生产属于大锅饭作业，从产品的企划、设计到计划生产、门店销售一般需要花费6~9个月的时间，部分产品还因为所用材料需要进口而甚至需要长达14个月的时间。主要通过大批量、大批次进行生产，规模经济下加上工厂本身的基因是很难满足人们小批量个性化定制需求的。那么如何解决市场个性化与小批量生产的趋势呢？柔性供应链可以成为一个解决方案。柔性供应链体系要求采购、制作、销售一体化，各环节信息透明，其最简单的两个指标是"最小生产批量"和"最短供货期"。短频快、按需定制的特点使得企业可以快速响应市场，满足消费者日益增添的各类需求。柔性供应链作为一种新模式，还可以解决服装品牌最头疼的库存问题。通过独创的模块化生产，使得传统服装供应链得到改善，柔性供应链弹性较大，所以产能可依据市场需求及时反应。通过对辛巴达柔性供应链有限公司的走访，得知其相关负责人表示：目前，可提供样衣打版服务和柔性订单、快速生产服务。样衣打版服务包括专业为客户打版、提供样衣、纸样、唛架、面辅料采购信息表、成本分拆明细表。通过帮助品牌商家或者服装卖家从 6 个月前下单缩短至 10 天，无论单量柔性的数量大小，能确保平均生产周期为 7.4 天，及时交货，质量良好统一，将供应链对于市场的柔性及时反应高效发挥。积极跟随流行趋势创造并增加销售机会，从而降低甚至消除库存积压风险，适应快时尚趋势的新需求。通过精益化改造，减少成本浪费。精益管理作为一种全新的管理模式，越来越被更多的企业所接受。柔性供应链消除了工厂中大量的管理费用，比如：传统工厂如果做到 100 亿需要 50000 人，其中包括 10000 个科室及管理服务人员，那么柔性供应链可以只需不到 1/10 的人，大幅提升利润率。同时传统的工厂生产管理过于粗放，浪费和附加活动非常多，柔性供应链持续精益，实现了去工厂化和工人自驱，大幅提高了人均产出。柔性供应链的快速发展说明供应链的升级是整个行业的需求，传统的供应链一定会发生变化，更会进一步带来整个社会的变化。"模块化工厂群组"是柔性供应链相对传统服装产业链条的一种突破性供应链整合、管理模式，在传统工厂中进行专业的模块化改造，让每个工厂只负责一个专业模块，这样，经过改造后的工厂，80%以上的工厂管理难度大幅度降低，而人均效益更是提高了 200%。更为重要的一点是，此种创新改变不但提高了工厂的产能，并且确保了质量，及时交货率也达到了很高标准。"传统供应链改变之后，整个世界将会完全不同。可以预期的是，消费者将有更多的选择，而卖家提供了更多选择之后成本反而更低，运营效率也更高。"辛巴达的柔性供应链管理认为，在当今互联网时代，资源的浪费将通过小批量试销和 C2B 形式的大大减少，所有浪费的人力、物力和时间资源将得到大大改善。柔性供应链目前的模式以产业 SAAS 的角度来看是典型完整的"云、网、端"发展构建体系。首先，在"云"层面的关键是"数据+算法"的构筑,所有订单和产能数据都被柔性供应链模型化集合分类并存储于云端,方便公司使用人员和交易客户即时获取。对于"订单模型"和"产能模型"的关键是算法,根据所接受订单模型的规模大小、质量优劣、交货日期要求,该模型运行并合成调度算法自动化,与订单相匹配的生产工厂自动生成配对、制订生产计划。其次,在网层面,由四种角色组成的业务网络构成网层面,分别为品牌客户、产能体系、供应链专家和生产服务中心。最后,在端层面,工厂在该层面实现接单和抢单,并更新生产进度,顾客由此预订产品并了解生产进程。在服装柔性供应链体系,通过对于供应链进行升级,从而达到小规模生产批量化销售,一方面,电商企业的弹性需求得到了满足,质量得到了保证,速度优势得到了保持;另一方面,促使产业从 B2C 往 C2B 高速升级,迎合了发展大趋势,可以达到服装特色化经营路径。

7.3 信息型供应链网络

集合线上线下同时营销战略的意义,对以苏宁电器为首的传统零售企业的营销战略进行研究,我们发现了在传统零售业的发展过程中存在许多的问题,分析今后电子商务模式发展道路上苏宁电器的营销模式,对于我国电子商务的零售行业具有深远影响和意义。

(1)在当今电子商务的发展模式下,O2O 模式使得传统零售业到达了一个新的高度。苏宁电器的营销就是优秀的案例。通过将线上的价格优势与线下的体验感受结合起来,增强消费者在购买过程中的消费体验,建立更加精准的消费偏好与需求模型从而推断出更好的发展路径。例如免费的体验活动会增加消费者的关注度。O2O 模式还可以使企业与客户的沟通交流更加便捷顺畅，24 小时的客服服务将快速反应且解答消费者的困惑，提高顾客的满意程度，从而更好地进行电子商务营销吸引，提高对消费者的吸引，进而获得更高的市场份额。

（2）当代的电子商务冲击猛烈，消费趋势、消费群体都有了剧烈的变动，零售业的销售、管理都需要新的战略规划和新的技术支持，更需要注意的是，在此之中零售业的竞争也变得更加激烈。为寻求迅猛快速稳定持续的事业发展，企业需要在零售行业不停求索与研究。

（3）在我国零售行业中，苏宁生机勃勃地发展，并有较大的上升空间，具有较大的影响力与代表性，对苏宁电器进行系统性的分析与研究，我们发现，发展应该明确在市场中自身的目标与定位，通过高效吸引人的推广宣传以及品牌塑造，对于线下与线上的发展资源进行集合，培训公司人员，增强企业文化与员工素养，进而加强企业建设。

从苏宁电器物流成本可以看出，相较于其他物流活动，首当其冲的一定是物流配送费，在整个物流成本中，相关费用占比高达 32.65%，因此，降低物流成本、提高企业收益使企业竞争力直线上升是最为有效的降本途径。

苏宁电器现有配送路线选择存在的问题包括：

（1）信息传递受阻，信息系统不完善。

由于人员素质、系统硬件方面的原因，即使苏宁电器已经采用了相对比较先进的 SAP 系统对企业进行管理，苏宁电器目前的信息系统仍尚未健全，信息数据处理能力也有待提高。这也就促使了在信息递送方面苏宁电器存在很大程度上的不足，导致信息传递受到阻碍。这也就侧面造成了物流企业在物流配送过程中，无法获取实时的咨询去及时调整配送方式。信息传递不畅，所造成的结果就是：企业在进行物流配送时,不能够及时地获取最新的信息去调整配送路线、配送车辆以及配送时间。

(2) 配送物流的路线编排不合理。

家电产品的售卖有着十分显然的季节性特征,随着季节变化而变化,其中夏天和冬天是销售旺季。一到销量大的季节,苏宁的配送物流缺乏统一的管理和调配,物流运输处于被动局势,经常出现混乱。一般情况都是哪家店存货不多,优先送那家门店,根本没有安排好合理的时间和选择好合适的路线,这就出现了配送物流车辆分配和路线选择混乱等问题,导致资源被浪费,没有合理使用。

(3) 物流配送中心地址不当给物流带来麻烦。

在刚开始,苏宁配送中心地址的选择只考虑到租金和地价,却忽视与门店和中心配送点的联系,没有一个全面的考量评价。这导致了后来配送出现配送耗时长、路况不佳、路途较远等问题,使得物流成本上升,造成企业资源的浪费。

(4) 物流配送车辆的选择缺乏考虑。

由于货物运输时车辆的不同选择导致货物运输重量差别,严重影响着路线的合理选取安排。没有选择合适的运输路线,没有用最少的车辆运送同一批货物,没有安排好货物运输的车辆,导致了物流成本的上升,也导致了运输效率的降低。

7.4 三种不同供应链网络协同价值比较分析

通过对上述三个案例企业内部拥有的供应链网络协同价值的比较

可以发现，我国实行改革开放以来，时代在进步，社会在变革，市场也已经从需求型转为服务型，这三种不一样的体系也跟着发生变化，产生了新的模式。市场慢慢地从有形的产品输出和交换转化成了无形的产品交换和消费。有形资源受到了更大的关注，这是由于没有这种资源，有的企业就没有办法从事生产活动，但是生产力上的发展，在软性资源上有优势的企业能得到更好的发展。康斯坦丁和鲁斯把上面的有形资源描述为对象性资源，另外把知识、技术、经验描述为操作性资源。了解到了软性资源的重要性，现在企业比较的不是简单的生产，而是在知识技术与人才上的较量。企业要想打赢战争，一定要有自己的技术、有自己的人才。所以，现在的企业都在把有形的资源向无形的资源转化，通过无形的资源给企业创造财富。市场更加看重无形资源，用产品作为交换。农业产品和一些其他的实体产品在市场上交换。

通过有关比较我们发现，如果在以产品为最终导向的市场中，企业就应该在日常生产运营活动中配置和生产出来以经济活动为目的的产品，那么这些产品在后续的有关过程中就应当具备特殊的效用和某些特定的专属特征，并且在其他公司进行比较时要具备比同类竞争者更高的市场价值，这样才能帮助企业最终创造价值。这样的背景就使得如果企业处在一个以服务为导向的市场中，那么企业在内部拥有一定量的操作性资源就显得更为重要。在一个企业中，只有真正将对象性资源利用并集结起来，才能更容易使企业拥有独具特色的核心能力。上述三个案例充分地表明，在企业日常运营活动中核心能力是一种无形资产，换言之，它是技能技术与高效运营相结合的产物。

在以服务为主导的市场中，企业必须像案例企业一样能够有效地鉴识并发展企业内部的核心竞争能力，其中包括普及有关知识和培养相应的企业发展技能,前面这三者都是企业在所处市场中能否拥有潜在竞争力的真实来源。在一家企业中,当其具备了上述那些重要元素之后,会帮助企业更加有效地分析和识别潜在的市场用户,并且我们在研究了有关案例企业之后发现,在企业中上述这些要素可以帮助企业有效地稳定与客户的关系,并且帮助企业成功实现更高的客户价值。另外,有些企业还会选择分析来自市场财务绩效中的相关反馈信息数据,这一分析能够帮助企业在提高服务水平与价值的同时,能更轻易地实现企业最初设定的相关绩效。

对于市场中那些以服务为最终导向来说,在市场中更多看重的是一个成员协同价值创造的能力,很多产品市场导向性不明,也就最终导致了企业内部的相关逻辑无法有效地解释新现象而最终由协同价值创造来解释清楚。这帮助相关供应链中的供应商在开始就得到了创造协同价值的机会,在将这一机会有效利用的同时,能够帮助顾客向其提供解决方案也是协同价值创造的本质要求。同时,供应商能达成这样的目标,即利用标准评价企业是否实现了为顾客创造价值,这是对协同价值创造的进一步利用。另外,案例企业研究中的相关结果显示,协同生产主要是通过建设相关的智慧库存以及联合设计的机制来达到共享生产相关商品信息的创新型生产方式。这种生产方式异于传统产品导向,因为企业关注的主要价值,是依附在企业生产的有关产品或者服务过程中的,不同于企业中的其他环节,这一环节的价值主要是附加在产品的交换过程中。相关研究显示,在供应商的选择中,逐渐体现出了有关服务因素的重要作用。主要体现在供应链中的不同供应商在更加关注商品或者服务的价格以及最终交货的时间等必要指标之外,逐渐开始将关注点更多地放在创新和协同开发等非必要的指标上。为了更好地帮助顾客实现协同价值,并在此过程中实现自己的价值,供应商在做出核心业务与产品生产的决策时,不仅需要考量传统的对自身能力理解基础上的内在反应,还要考虑目前顾客协同价值实现过程理解基础上的外在内化。客户的满意度来自由内向外的物流分销柔性和由外向内的需求管理柔性。

第 8 章 结论与展望

8.1 结论

本书通篇内容基本上都是围绕着整合供应链网络协同价值创造这一核心问题展开的,我们通过对该问题的分析和研究可以得出的主要结论有以下几条:

(1)在前人研究的基础上构建了一个较为完整以及可操作能力强的分析框架,这一分析框架需要有较强的问题解析力以及逻辑性,主要概括为:三种不同的配置基础逻辑—三种不同的创造驱动器—三种不同的创造机制—三种不同的创造协调机制—三种不同的租金收益,经过最后一步之后,整个集群的供应链网络协同价值才会得以最终实现。我们在研究最后得出的这一分析框架也是本书的核心精华所在。

(2)在整合供应链网络的协同价值创造这一概念中,主要包含了价值链、价值群、价值网络三种不同的基础价值配置逻辑。所以,如果在进行关于这一主题的研究时,应该将前面这三种基础价值配置综合考虑进去,如果缺了其中的任意一种,就会出现对整体问题揭示不全面、不彻底的情况，也无法得出一个能够真实反映本质的结论。

（3）在日后的研究中，希望有关学者能够按照本书搭建的基础思路来分析这一问题，并能够拓宽这一研究逻辑。这一研究思路是：在整个网络中，由于上下游之间先天形成时存在的惯序依赖关系，一定会在二者间找到共同创造协同价值的可能性，这也体现了我们前文提到的协同价值基础配置逻辑；在整个网络中，各个不同成员和组织间更多的是以顾客为导向的基础上进行协同价值创造的，这也充分体现了整个网络的汇集式依赖关系，也是第二个配置基础逻辑的体现之处；在整个网络中，由于各个组织间关系形成时，具有的关系是合作形式多于竞争形式的互相依赖的关系，就会使整个网络由于上下游成员间的广泛联合不断发展壮大，这种发展和壮大可以为上下游成员带来更多的收益和机会，这是最后一个协同价值配置基础逻辑的体现之处。

（4）在前面三个协同价值配置基础逻辑的基础上，笔者在本书中提出了整个网络协同价值创造的源泉是通过三种效应的共同作用，最终获取到了三种不同的租金收益，并使网络中的所有成员因此受益的一系列过程反应。

（5）为了能够保证上述这三种效应在整个网络中的有效发挥，最终实现三种经济租金收益的获取，组织间成员必须综合运用例如信息协调、知识治理、关系治理三种基础协调机制来协调控制成员间的活动，让其指导和协调组织间成员的各项日常活动，这也是网络协同价值最终实现的必要条件之一，也是各个组织间成员获得个体收益的确保条件。通过信息协调机制可以降低组织间成员的交易成本，提高整个供应链的可视性和柔性；知识治理机制则通过正式的、非正式的组织机制和结构，将选择最优化，并统一地创造、共享和利用知识；最后，关系治理机制则是一种允许交易双方通过柔性组织来应对不确定性的重要协调机制。我们实际调查发现，在实际的操作过程中，上面这三种治理机制都是相辅相成的关系，缺了哪一种都无法使网络高效地运营下去。

8.2 展望

在整个研究结束之后，笔者在这一部分的内容中，把研究后得出的几点启示总结在一起，希望能够对未来的研究起到帮助。

（1）在以往对于这一问题展开的分析和研究中，学者们多会采用一种价值创造逻辑，尤其是价值链逻辑，但是大部分学者却忽略了其他两种价值创造逻辑的存在，这也就造成了最终研究结论解析力深度不够的情况。因此，在日后的研究中，学者们应该从价值群、价值网络等价值配置基础逻辑着手，这不但增进了研究的深度，同时也拓宽了研究进行的渠道，使得学者们日后取得的研究结论更加有深度和效度。

（2）在研究这一网络形式以及其协同价值创造的本质时，由于受到交易成本理论中适用性有限原因的限制，必须要结合众多复杂的理论分析工具才可以帮助我们从一个宏观的角度将其中的影响因素整体地揭示出来。因此，随着时间的推移，在日后的研究中可以从这一点入手，即可以借助相关领域中的最新研究成果，对这一研究主题进行更加深入的探讨分析。

（3）在整个网络中，各个不同成员以及它们之间的关系和日常行为的协调方式都是十分复杂多样化的，除了我们在前文中着重探讨的信息协调、知识治理、关系治理之外,还可以在后续的研究中继续将研究视野拓展开,构建出一个具体的针对市场的协调机制整合模型,这样也是对学科发展的一大贡献。

(4)我们在理论层面上给出了一个分析框架,这个分析框架的主要作用是用来分析关于虚拟整合网络协同价值创造的相关问题,但是在我们的具体实践中,发现由于受行业背景、企业的发展历史、企业产品自身包含的不同特点等因素的影响,在协同价值创造的整个过程中,三种不同的价值配置基础逻辑所表现出来的特点是不同的,其反映出来的真实内涵也是由于不同影响因素造成的。所以,在日后进行研究的具体实践过程中,学者们应该注意理论与企业的实践紧密结合,这样做能够更好地从理论出发,逐渐将其上升至实践高度,并能够帮助我们积累经验,达到理论指导实践的目的,这样才能真正地让我们的研究发挥作用,也让研究变得更加有价值。

在研究最后,希望有关学者或对这一问题感兴趣的研究者能够对本书内容提出可行的修改意见,并提出不同的研究视角和切入点,这些都可以帮助笔者更好地改进研究内容和最终得出的研究结论,也能够真实地帮助学科发展进步。除此之外,希望能够在日后的研究中对于这一类型问题进行更加详细、更加具体的研究,以弥补研究中存在的不足。

参考文献

[1] Adler P L, Kwon S. Social Capital: Prospects for a New Concept [J]. Academy of Management Review, 2002, 27 (1): 17-40.

[2] Ahuja G. Collaboration Networks, Structural Holes, and Innovation: A Longitudinal Study [J]. Administrative Science Quarterly, 2000, 45 (3): 425-455.

[3] Albino V, Claudio G A, Giovanni S. Knowledge Transfer and Inter-Firm Relationships in Industrial Districts: The Role of the Leader Firm [J]. Technovation, 1999, 19 (1): 53-63.

[4] Alnoor Bhi mani and Mthul iNcu be. Virtual Integration Costs and the Limits of Supply Chain Scalability [J]. Journal of Accountingand Public Policy, 2006, 25.

[5] Amit R, Zott C. Value Creation in E-business [J]. Strategic Management Journal, 2001, 22 (3): 493-520.

[6] Anand B N, Khanna T. Do Firms Learn to Create Value? The Case of Alliances [J]. Strategic Management Journal, 2000 (21): 295-315.

[7] Andaleeb S S. The Trust Concept: Research Issues for Channels of Distribution [J]. Research in Marketing, 1992 (11): 1-34.

[8] Anderson E, Weitz B A. Make – or – buy Decisions: Vertical Integration and Marketing Productivity [J]. Sloan Management Review, 1986, 27 (3): 3 – 19.

[9] Arrow K J. Information and Economic Behavior [M]. Federation of Swedish Industries, 1973 (30): 5 – 28.

[10] Asanuma B. Manufacturer – supplier Relationships in Japan and the Concept of Relation – specific Skill [J]. Journal of the Japanese and International Economies, 1989, 3 (1): 1 – 30.

[11] Baker W E, Sinkula J M. The Synergistic Effect of Market Orientation and Learning Orientation On Organizational Performance [J]. Journal of the Academy of Marketing Science, 1999, 27 (4): 411 – 427.

[12] Bowersox, Morash. The Integration of Marketing Flows in Channels of Distribution [J]. European Journal of Marketing 1989, 23 (2): 58 – 67.

[13] Chen, Paulraj. Strategic Purchasing, Supply Management, and Firm Performance [J]. Journal of Operations Management, 2004, 22 (5): 505 – 523.

[14] Cohcn W M, Levinthal D A. Absorptive Capacity: A New Perspective on Learning and Innovation [J]. Administrative Science Quarterly, 1990, 35 (1).

[15] Donald J. Bowersox. 物流管理:供应链过程的一体化 [M]. 林国龙, 宋柏, 沙梅译. 北京: 机械工业出版社, 1999.

[16] Droge Cetal. The Eff Ects of In – ternal Versus External Integration Practices Ontime – based Per Formance and Over all Firm Performance [J]. Journal of Operations Management, 2004, 22 (6).

[17] Droge. C, jayaran, J. The Efferets of Internal Versus External Intergration, Their Impact in Performance and Overall Firmperformance [J]. Journal of operations Management, 2004, 22 (6): 557 – 573.

[18] Gulati, R. Network Location and Learning the Influence of Network Resources and Firm Capabilities on Alliance Formation [J]. Strategy Management Journal, 1999, 20 (3): 397 – 420.

[19] Forrester J W. Industrial Dynamics [M]. Cambridge, MA: The MIT Press, 1961.

[20] JB Naylor, MM Naim D BerryLeagility, Integrating the Lean and Agile Manufacturing Paradigms in the Total Supply Chain [J]. International Journal of Production Economics, 1999, 62 (1 – 2): 107 – 118.

[21] Kaplan R., Norton D. P. Alignment: Using the Dalanced Scorecard to Create Corporate Synergies [M]. Harvard Business Press, 2006.

[22] Lado Competition, Cooperation, and the Search for Economic Rents: A Syncretic Model [J]. Academy of Management Review, 1997, 22 (1): 110 – 141.

[23] Levary Evaluating the Impact of Electronic Data Interchange on the Ingredient Supply Chain of a Food Processing Company [J]. Supply Chain Management, 2002, 122 (4): 200 – 211.

[24] Magretta. Managing in the New Economy [M]. Harvard Business School Press 1999.

[25] Michael. Lidocaine Use in Pediatric Urethral Catheterization [J]. Pediatric Emergency Care. 2007, 23 (10): 762.

[26] Mininno Supplier Selection Using A Multi – criteria Decision Aid Method [J]. Journal of Purchasing & Supply Management, 2003, 9 (4):

177 – 187.

[27] Morash. Clinton Supply Chain Integration: Customer Value Through Collaborative Closeness versus Operational Excellence [J]. Journal of Marketing Theory & Practice, 1998, 6 (4): 104 – 120.

[28] MR Rosenzweig Payoffs from Panels in Low – Income Countries: Economic Development and Economic Mobility [J]. American Economic Review, 2003, 93 (2): 112 – 117.

[29] Nichols. Scientific Management at Merck: An Interview with CFO Judy Lewent [J]. Harvard Business Review, 1994: 88 – 99.

[30] Porter M E. Competitive Advantage [M]. New York: The Free Press, 1985.

[31] Sahin F, Robinson E P. Flow Coordination and Information Sharing in Supply Chains: Review, Implications, and Directions for Future Research [J]. Decision Sciences, 2002, 33 (4): 505 – 536.

[32] Saxenian A. Regional Advantage: Culture and Competition in Silicon Valley and Route 128 [M]. Cambridge: Harvard University Press, 1994.

[33] Simonin B L. Transfer of Marketing Know – how in International Strategic Alliances [J]. Journal of International Business Studies, 1999, 30 (3): 463 – 489.

[34] Sinha D K, Cusumano M A. Complementary Resources and Cooperative Research: A Model of Research Joint Ventures among Competitors [J]. Management Science, 1991, 37 (9): 1091 – 1106.

[35] Sitkin S B, Roth N L. Explaining the Limited Effectiveness of Legalistic Remedies for Trust/Distrust [J]. Organization Science, 1993, 4

(3): 367-392.

[36] Sivadas E, Dwye F R. An Examination of Organizational Factors Influencing New Product Success in Internal and Alliance – Based Processes [J]. Journal of Marketing, 2000, 64 (1): 31-49.

[37] Slater S F, Narver J C. Market Orientation and the Learning Orientation [J]. Journal of Marketing, 1995, 59 (3): 63-74.

[38] Spekman R E, Spear J, Kamauff J. Supply Chain Competency: Learning as a Key Component [J]. Supply Chain Management, 2002, 7 (1): 4155.

[39] Stabell C B, Fjeldstad Y D. Configuring Value for Competitive Advantage: On Chains, Shops, and Networks [J]. Strategic Management Journal, 1998 (19): 413-437.

[40] Stapleton D et al. The Location – centric Shift from Marketplace to Marketspace: Transaction Cost – inspired Propositions of Virtual Integration via an E – commerce Model [J]. Advances in Competitiveness Research, 2001, 9 (1): 10-41.

[41] Supply Chain Council. Supply Chain Operations Reference – Model: SCOR Version 6 [M]. Supply – Chain Council, Inc., 2004.

[42] Surana A et al. Supply – Chain Networks: A Complex Adaptive Systems Perspective [J]. International Journal of Production Research, 2005, 43 (20): 4235-4265.

[43] Swink. Managing Beyond the Factory Walls: Effects of Four Types of Strategic Integration on Manufacturing Plant Performance [J]. Journal of Operations Management, 2007, 25 (1): 148-164.

[44] Szulanski G. Exploring Internal Stickiness: Impediments to the

Transfer of Best Practice within the Firm [J]. Strategic Management Journal, 1996, 17 (10): 27 - 43.

[45] Teece D J, Pisano G Shuen A. Dynamic Capabilities and Strategic Management [J]. Strategic Management Journal, 1997, 18 (7): 509 - 533.

[46] Teece D J. Profiting from Technological Innovation: Implications for Integration, Collaboration Licensing and Public Policy [J]. Research Policy, 1986, 15 (6): 285 - 305.

[47] Teece D J. Reflections on Profiting from Innovation [J]. Research Policy, 2006, 35 (8): 113 - 146.

[48] Thompson J D. Organizations in Action [M]. New York: McGraw - Hill, 1967.

[49] Tsai W P. Knowledge Transfer in Intraorganizational Networks: Effects of Network Position and Absorptive Capacity on Business Unit Innovation and Performance [J]. Academy of Management Journal, 2001, 44 (5): 996 - 1004.

[50] Tsai W, Ghoshal S. Social Capital and Value Creation: The Role of Intrafirm Networks [J]. Academy of Management Journal, 1998, 41 (4): 464 - 476.

[51] Uzzi, B. Social Structure and Competition in Interfirm Networks: The Paradox of Embeddedness [J]. Administrative Science Quarterly, 1997, 42 (1): 35 - 67.

[52] Van Der Vaart T, van Donk D P. A Critical Review of Survey - based Research in Supply Chain Integration [J]. International Journal of Production Economics, 2008, 111 (1): 42 - 55.

[53] Volberda H W, et al. Managing Organizational Knowledge Integration in the Emerging Multimedia Complex [J]. Journal of Management Studies, 1999, 36 (3): 379-398.

[54] von Hippel E. Democratizing Innovation [M]. Cambridge MA: MIT Press, 2005.

[55] von Hippel E. The Sources of Innovation [M]. New York: Oxford University Press, 1988.

[56] Wang E T G Wei H-L. Interorganizational Governance Value Creation: Coordinating for Information Visibility and Flexibility in Supply Chains [J]. Decision Sciences, 2007, 38 (4): 647-674.

[57] Wang E T G, Tai J C F, Wei H-L. A Virtual Integration Theory of Improved Supply Chain Performance [J]. Journal of Management Information Systems, 2006, 23 (2): 41-64.

[58] Williamson 0 E. Transaction Cost Economics: How It Works, Where It is Headed [J]. De Economist, 1998, 146 (1): 23-58.

[59] Williamson O E. Comparative Economic Organization: The Analysis of Discrete Structural Alternatives [J]. Administrative Science Quarterly, 1991, 36 (2): 269-296.

[60] Williamson O E. Transaction Cost Economics: The Governance of Contractual Relations [J]. Journal of Law and Economics, 1979, 22 (2): 233-261.

[61] [美] 弗朗西斯·福山. 信任: 社会美德与创造经济繁荣 [M]. 彭志华译. 海口: 海南出版社, 2001.

[62] [美] 迈克尔·哈默. 企业行动纲领 [M]. 赵学凯译. 北京: 中信出版社, 2002.

[63] [美] 普拉哈拉德. 消费者王朝与顾客共创价值 [M]. 王永贵译. 北京：机械工业出版社，2005.

[64] [美] 奇达夫，蔡文彬. 社会网络与组织 [M]. 王凤彬，朱超威等译. 北京：中国人民大学出版社，2007.

[65] [美] 詹姆斯·钱皮. 企业X再造 [M]. 闫正茂译. 北京：中信出版社，2002.

[66] [日] 大前研一. 专业主义 [M]. 裴立杰译. 北京：中信出版社，2006.

[67] [英] 经济学家情报社，安达信咨询企业，IBM咨询企业. 未来组织设计 [M]. 北京：新华出版社，2000.

[68] 边燕杰，丘海雄. 企业的社会资本及其功效 [J]. 中国社会科学，2000 (2)：87-99.

[69] 巢来春，聂娟，李楠. 动态联盟内的马太效应分析及对策 [J]. 技术经济，2006，25 (9)：126-128.

[70] 陈浩然，李垣，谢恩. 不同技术差异条件下组织间学习过程的模型分析 [J]. 系统工程，2007，25 (4)：53-58.

[71] 戴建平，骆温平. 物流企业与供应链成员多边合作价值创造机理研究 [J]. 商业研究，2015 (7)：164-165.

[72] 冯晓明. 供应链虚拟整合研究综述 [J]. 商业经济研究，2013 (3)：21-23.

[73] 高巍，田也壮，姜振寰. 基于供应链联盟的知识整合研究 [J]. 管理工程学报，2005，19 (3)：6-9.

[74] 赫尔曼·哈肯. 协同学——大自然构成的秘密 [M]. 上海：上海世纪出版集团，2005：7-65.

[75] 洪国坚. 台湾大陆母子公司间知识转移与知识吸收之研究

[D]. 东吴大学博士学位论文, 2001.

[76] 李维安. 探求知识管理的制度基础: 知识治理 [J]. 南开管理评论, 2007, 10 (3): 1.

[77] 林义屏. 市场导向、组织学习、组织创新与组织绩效间关系研究——以科学园区资讯电子产业为例 [D]. 台湾中山大学博士学位论文, 2001.

[78] 卢超, 胡耀光, 王枞. 面向过程集成的流程协同交互方法研究 [J]. 计算机工程与应用, 2005 (4): 201-203.

[79] 罗珉, 徐宏玲. 组织间关系: 价值界面与关系租金的获取 [J]. 中国工业经济, 2007, 226 (1): 68-77.

[80] 罗珉, 赵红梅. 中国制造的秘密: 创新+互补性资产 [J]. 中国工业经济, 2009, 255 (5): 46-56.

[81] 罗珉. 组织间关系理论最新研究视角探析 [J]. 外国经济与管理, 2007, 29 (1): 25-32.

[82] 罗纳德·S. 伯特. 结构洞: 竞争的社会结构 [M]. 任敏, 李璐, 林虹译. 上海: 格致出版社, 2008.

[83] 骆温平, 戴建平. 物流企业与供应链成员多边合作价值创造机理及实现——基于组织间学习效应视角 [J]. 吉首大学学报 (社会科学版), 2016, 37 (6): 24-30.

[84] 迈克尔·波特. 竞争优势 [M]. 北京: 华夏出版社, 2005.

[85] 潘松挺. 网络关系强度与技术创新模式耦合及其协同演化 [D]. 浙江大学博士学位论文, 2009.

[86] 彭灿. 供应链中的知识流动和组织间学习 [J]. 科研管理, 2004, 25 (3): 81-85.

[87] 彭晓燕. 基于电子技术平台视角的组织间关系探讨 [J]. 外

国经济与管理, 2008, 30 (2): 16-22.

[88] 彭正银. 网络治理: 理论的发展与实践的效用 [J]. 经济管理, 2002 (8): 23-27.

[89] 芮明杰. "造山": 以知识和学习为基础的企业的新逻辑 [J]. 管理科学学报, 2002 (3): 14-24.

[90] 盛敏, 刘佳, 迟飞. 中国上市企业并购的财务协同效应研究——聚焦于放大和紧缩 [J]. 上海管理科学, 2012 (4).

[91] 孙寿亮. 物流业与金融业的协同发展机制研究 [D]. 北京交通大学博士学位论文, 2008.

[92] 塔娜. 供应链知识协同管理绩效价值研究 [D]. 大连理工大学硕士学位论文, 2003.

[93] 万伦来, 达庆利. 企业柔性的本质及其构建策略 [J]. 管理科学学报, 2003, 6 (2): 89-94.

[94] 王凤彬. 供应链网络组织与竞争优势 [M]. 北京: 中国人民大学出版社, 2006.

[95] 王龙伟, 任胜钢, 谢恩. 合作研发对企业创新绩效的影响研究——基于治理机制的调节分析 [J]. 科学学研究, 2011, 29 (5): 785-792.

[96] 武慧杰, 王文晓. 社会资本视角下的利丰公司 [J]. 现代企业, 2008 (9): 12-13.

[97] 肖敏. 供应链金融的协同管理研究 [D]. 江西财经大学硕士学位论文, 2008.

[98] 杨瑾, 尤建新, 蔡依平. 供应链流程管理中的知识集成研究 [J]. 科技进步与对策, 2006 (12): 120-122.

[99] 杨利军. 分散型决策结构下供应链协同实现机制的理论探讨

[J]. 科技管理研究, 2013 (15): 256-257.

[100] 杨依依. 企业价值与价值创造的理论研究 [D]. 武汉理工大学硕士学位论文, 2006.

[101] 余弦. 企业家结构洞对企业成长的影响实证研究 [D]. 中南财经政法大学博士学位论文, 2013.

[102] 张翠华, 任金玉. 新一代的供应链战略: 协同供应链[J]. 东北大学学报, 2005, 7 (6): 406-409.

[103] 张耕. 组织际流程柔性的评价及选择策略评价研究 [D]. 厦门大学博士学位论文, 2007.

[104] 张晴, 刘志学. 供应链信息协调框架及要素研究 [J]. 情报杂志, 2009, 28 (5): 179-182.

[105] 张玥. 社会网络中用户影响力分析技术研究 [D]. 哈尔滨工业大学硕士学位论文, 2015.